ちくま新書

ともに生きる仏教

――お寺の社会活動最前線

大谷栄一 編
Otani Eiichi

JN259826

1403

ともに生きる仏教

——お寺の社会活動最前線【目次】

第四章　子育て支援——サラナ親子教室の試み　関 正見　103

第八章　NPOとの協働から、終活へ——應典院の二〇年と現在、これから　秋田光彦

はじめに

大谷栄一

†「葬式仏教」という常識

日本の仏教は「葬式仏教」だからダメだ。そうした言い回しを、今でもよく聞く。『広辞苑』第七版では、この言葉が「現代の仏教を、葬式や先祖の供養をするだけとして、非難の意をこめていう語」と説明されている。ここには、真理や自らの悟りを追求したり、生者を救済することが本来の仏教であり、現代日本の僧侶や寺院は死者に関わってばかりだ、という揶揄《やゆ》や批判のまなざしがある。

歴史を遡ると、いわゆる「葬式仏教」が成立するのは近世（江戸時代）である。民間寺院の設立、檀那寺《だんなでら》と檀家の間の寺請《てらうけ》制度と寺檀《じだん》制度、寺院間の本末制度の成立、先祖祭祀《さいし》、戒名《かいみょう》・位牌《いはい》・仏壇・墓の定着によって、「葬式仏教」が形成された（岩田重則『日本鎮魂考』青土社、二〇一八)。

近世に制度化された「葬式仏教」は近代にも継承され、現代に至る。「葬式仏教」という言葉自体が使われるようになるのは、第二次世界大戦後のことである。一九六三年に圭室《たま》諦成《むろたいじょう》『葬式仏教』(大法輪閣)が刊行された。ただし、この本は葬祭を中心とした日本仏教史という内容で、「葬式仏教」を否定しているわけではない。

では、日本仏教が「葬式仏教」と揶揄され、批判されるようになるのはいつからなのだろうか。じつは、そうした言説はすでに明治時代から見られた。例えば、『明教新誌《めいきょうしんし》』という明治時代の仏教新聞には、「葬式屋は宜しく廃すべし」(一七六六号、一八八四〈明治一七〉年一一月二〇日)、「葬式屋の和尚さんに忠告す」(二〇九〇号、一八八六〈明治一九〉年一〇月四日)という読者からの投稿が掲載されている。これらの投稿では僧侶＝葬式屋と捉え、住職は寺を保持し檀家を教導すべきなのに、その任を果たさず、ただ葬式をするだけで事足りている、と批判されている。

つまり、「葬式仏教」という言葉は使われていなくても、「現代の仏教」への揶揄や批判は一三〇年以上前から現在に至るまで延々と行われてきたのである。

しかし、本書では日本仏教＝「葬式仏教」という常識を真正面から問い直し、社会活動(社会問題の解決や人々の生活の質の維持・向上に寄与する活動)にアクティブに取り組む僧侶や仏教婦人、お寺の姿を紹介する。かといって、日本仏教の「葬式仏教」的な側面を切り捨てようというわけではない。二〇一一年三月一一日の東日本大震災の発生に際し、仏教の持つ弔いや死者供養の力が再評価されたように、本書では「葬式仏教」の捉え直しも試みる（第六章、第八章参照）。

†寺院を取りまく厳しい現状

本書では社会活動に取り組む仏教者や寺院を取り上げるが、読者のみなさんにとって、寺とはどのような存在だろうか。葬儀や法要、墓参の場面以外で寺に行ったり、僧侶に会う機会は多いだろうか、少ないだろうか。おそらく、少ないと答える人の方が圧倒的に多いのではないだろうか。現在、寺院の数は七万六九四六カ寺を数え（『宗教年鑑』平成三〇年版、二〇一七年一二月時点）、コンビニエンスストアの数五万五七四三店（日本フランチャイズチェーン協会の調査、二〇一八年一二月時点）をはるかに凌駕するが、そのプレゼンス（存在感）は小さい。

現在、寺院を取りまく状況は非常に厳しい。戦後日本の社会変動（地方から都市への人口流出、家制度から核家族への家族形態の変化、地域社会の過疎化、少子高齢化の進行など）によって、寺院の運営は厳しさを増している。寺院を支える社会基盤である寺檀制度の衰退によって、檀家の「寺離れ」が問題化している。また、寺院の経済基盤である葬式と墓についても、葬式をしないで遺体を火葬するだけの「直葬《ちょくそう》」や、家族だけで葬式を挙げる「家族葬」など、葬儀簡素化の動きが進み、寺院のある故郷から遠く離れて住む檀家が家墓を整理する「墓じまい」によって墓と先祖を継承しない動向も顕著になっている(村上興匡「個人化する葬送」堀江宗正編『現代日本の宗教事情』岩波書店、二〇一八)。

今後、寺院が存立する地域社会の存続自体が危ぶまれている。二〇一四年五月に発表された「増田レポート」(日本創成会議・人口減少問題検討分科会の報告「成長を続ける二一世紀のために「ストップ少子化・地方元気戦略」」)では、二〇四〇年までに全国約一八〇〇市町村のうち約半数(八九六市町村)が消滅する恐れがあると指摘され、日本社会に大きな波紋を投げかけた。

消滅の可能性があるのは、宗教界と寺院も同様である。

宗教学者の石井研士《けんじ》は増田レポートのデータをもとに、消滅する可能性がある自治体の宗教法人数を集計し、二〇四〇年までに全宗教法人の三分の一以上が消滅すると予測し、そうした宗教法人を「限界宗教法人」と名づけている(「宗教法人と地方の人口減少」『宗務時報』一二〇号、二〇一五)。また、ジャーナリストの鵜飼秀徳《うかいひでのり》が著した『寺院消滅』(日経BP社、二〇一五)でも、全国の約七万七〇〇〇カ寺のうち、三割から四割の寺院が消滅する可能性が指摘されている。

すでに、その予兆はある。『朝日新聞』が主要一〇宗派（天台宗・高野山真言宗・真言宗智山派・真言宗豊山派・浄土宗・浄土真宗本願寺派・真宗大谷派・臨済宗妙心寺派・曹洞宗・日蓮宗）を対象に、常駐する住職のいない無住や兼務の寺院の数を調査したところ（日蓮宗は無回答）、その数は一万二〇〇〇カ寺を数えた。これは調査対象全体の一六％を数える割合である（「文化漂流　揺れる寺社」二〇一五年一〇月一一日）。今後、この割合はさらに高まり、寺院の統合や廃寺という選択肢も増えるだろう。

このように「寺離れ」や「墓じまい」が進み、「寺院消滅」の可能性が見込まれている現状に、寺院は置かれている。

†二〇〇〇年代以降の仏教のプレゼンスの再浮上

その一方、日本社会で仏教のプレゼンスが再浮上した動向も見られる。

「二〇〇〇年以降、日本の仏教界には大きなうねりが起こっている」。こう述べる現代仏教研究者の小川有閑《ゆうかん》は、「発信系」（情報発信）と「実践系」（社会活動）という二つの動向を紹介している（「僧侶による〝脱〟社会活動」西村明編『隠される宗教、顕れる宗教』岩波書店、二〇一八）。

発信系として小川が挙げるのが、二〇〇三年開設のインターネット寺院「彼岸寺」（発案者は浄土真宗本願寺派の僧侶・松本紹圭）、二〇〇九年創刊のフリーペーパー『フリースタイルな僧侶たち』（本書第三章執筆者の池口龍法が創刊者の一人）、寺社フェス「向源《こうげん》」（天台宗僧侶の友光雅臣《ともみつがしん》によって二〇一一年開始）、お坊さんが答えるQ&Aサイト「hasunoha」（二〇一二年開設）、「お坊さんバラエティ　ぶっちゃけ寺」（テレビ朝日系列で放送。二〇一四～一七年）である。

また、実践系（僧侶たちによる社会問題解決のための具体的な行動）として、東京浅草で路上生活者支援をする「社会慈業《じぎょう》委員会・ひとさじの会」（浄土宗僧侶・吉水岳彦《よしみずがくげん》と原〔現：岡本〕尚午によって二〇〇九年発足。現在の代表者は髙瀬顕功《あきのり》）、本書第二章で紹介される「おてらおやつクラブ」（二〇一四年開始）、東日本大震災をきっかけとして二〇一二年に東北大学大学院文学研究科宗教学実践寄附講座で養成が始まった臨床宗教師が挙げられている。なお、実践系のリストには、小川が当事者としても関わっている二〇〇七年結成の「自死・自殺に向き合う僧侶の会」（発足当初は「自殺対策に取り組む僧侶の会」）や、本書第七章のおうみ米一升《こめいっしょう》運動（二〇一〇年開始）も加えることができるであろう。

発信系の試みは、いわば、公共圏（市民が対等な立場で議論を交わし、意見形成を行う公共の議論の空間）への積極的な関与であり、実践系は公共空間での社会活動として位置づけることができるだろう。つまり、両者とも公共空間にアクティブに参与する「日本仏教の公共的機能」（島薗《しまぞの》進「現代日本の宗教と公共性」島薗・磯前順一編『宗教と公共空間』東京大学出版会、二〇一四）が発揮された動向なのである。

こう述べると、宗教や仏教は個人の内面やこころの問題であり、社会の公的領域に関わるべきではない、と異を唱える人もいるかもしれない。しかし、本書ではそうした「常識」をも問い直し、私的領域／公的領域の区分、「宗教（仏教）と社会」の関係も再考したい。

じつは、仏教者や仏教団体が公共空間に主体的・能動的に関わる社会参加は、すでに戦前から見られる動向である。例えば、明治から昭和前期までの仏教者による医療・福祉活動の歴史をまとめた近代仏教研究者の中西直樹は、「近代以降、仏教者が医療救護の面で果たしてきた役割は、従来考えられている以上に大きなものであった」と指摘している（『仏教と医療・福祉の近代史』法藏館、二〇〇四）。社会福祉制度が未発達だった戦前期、国家の福祉政策を補完したのが、他ならぬ仏教界（を含む宗教界）であり、そのプレゼンスは大きかった。戦後は福祉国家体制の整備と政教分離の原則によって、プレゼンスは低下したが、戦前の仏教界は公共的機能を大いに発揮したのである（ただし、戦争協力のような公共的役割も担った）。

なお、現在の『中央公論』の前身が浄土真宗本願寺派の仏教青年たちによって一八八七（明治二〇）年に創刊された『反省会雑誌』であるように、仏教界のメディア活用は明治初期から積極的になされた。戦前から戦後にかけて、新聞・雑誌、本、ラジオ、レコード、テレビなど、その時代の最新テクノロジーを駆使して、情報発信が行われた。戦前は、仏教系知識人の発言が公共圏で影響力を持った時期もあった。

こうした「日本仏教の公共的機能」がふたたび活性化したのが、二〇〇〇年代以降である。日本の仏教界の大きなうねりとは、日本の公共空間における仏教のプレゼンスの再浮上を意味する。本書で取り上げる諸活動は、こうした歴史的変遷の中に位置づけることができる。

✝本書に登場する「お寺の社会活動」

本書で紹介する諸活動とその活動母体は、以下の通りである。貧困問題や被災地支援に取り組む特定非営利活動法人おてらおやつクラブ（第二章）と滋賀教区浄土宗青年会のおうみ米一升運動（第七章）、アイドル「てら＊ぱるむす」をプロデュースする龍岸寺《りゅうがんじ》（第三章）、子育て支援をする正福寺《しょうふくじ》サラナ親子教室（第四章）、ビハーラで病院ボランティア活動を行う広島県北仏婦《きたぶつぷ》ビハーラ活動の会（第五章）、グリーフケア（悲嘆ケア）に携わるいのち臨床仏教者の会（第六章）、「日本一若者が集まる寺」と評され、これまでアートセンターの役割を果たし、新たに「おてら終活プロジェクト」を立ち上げた應典院《おうてんいん》（第八章）。

これらの諸寺院・諸団体によるバラエティに富んだ活動を、（第五章以外は）活動の当事者たちによって報告いただく（編者の大谷と第五章担当の猪瀬優理は非当事者の研究者。第六章担当の大河内大博と第七章担当の曽田俊弘は当事者であり、研究者）。

なお、滋賀教区浄土宗青年会（滋賀浄青）と正福寺は滋賀にあり、龍岸寺は京都、應典院は大阪にある。いずれも浄土宗寺院である。おてらおやつクラブ代表理事の松島靖朗は奈良県の浄土宗寺院・安養寺《あんようじ》の住職、いのち臨床仏教者の会の副代表を務める大河内大博は大阪の浄土宗寺院・願生寺《がんしょうじ》の住職である。広島県北仏婦ビハーラ活動の会は浄土真宗本願寺派の仏教婦人会を基盤とし、広島県三次《みよし》市を中心に活動している。

すなわち、本書で紹介する寺院や団体は、関西圏と中国地方にある浄土教系教団の所属寺院や浄土教系教団を母体とした団体である（ちなみに、大谷が勤務する佛教大学は浄土宗、猪瀬の所属する龍谷大学は浄土真宗本願寺派を設立母体とする京都所在の浄土教系大学）。ただし、おてらおやつクラブやいのち臨床仏教者の会は宗派を超えた通宗派の僧侶の集まりであり、滋賀浄青とおてらおやつクラブは地域を超えたトランスローカルな活動を展開している。

仏教者やお寺の社会活動については、これまでにも上田紀行『がんばれ仏教！』（NHKブックス、二〇〇四）や磯村健太郎『ルポ仏教、貧困・自殺に挑む』（岩波書店、二〇一一）で論じられてきた（前者で應典院が、後者でおうみ米一升運動が紹介されている）。本書は日々、精力的な活動を実践している当事者が自らの体験と活動を語る点に大きな特徴があり、当事者と研究者のコラボレーションによって編み上げられている。

本書はこれら二冊の貴重なドキュメントを踏まえつつ、「お寺の社会活動の最前線」を紹介する。これらの取り組みはいずれもとても魅力的であり、現代社会の抱える問題点や課題に鋭い問題を提起している。その意味で、本書は刺激的な現代仏教論であると同時に、批判的な現代社会論でもある。読者のみなさんのご叱正・ご意見を仰ぎたい。

第一章

なぜ、お寺が社会活動を行うのか？

大谷栄一

1 「宗教の社会貢献」への認知と評価

†お寺と子ども食堂

なぜ、お寺が社会活動を行うのか？　例えば、「子ども食堂　関わり始めた宗教者」と題された記事が二〇一八年五月九日の『朝日新聞』に掲載されている。子ども食堂とは「経済的に困窮している家庭や、食事の支度が満足にできない家庭の子どもに無料、あるいは低価格で食事を提供する民間の取り組み」のことである（『イミダス二〇一八』）。「子ども食堂」の名前が使われるようになるのは二〇一二年ごろからであり、二〇一八年四月時点でその数は二二八六カ所を数え、現在も広がりを見せている（「こども食堂安心・安全向上委員会」による調査。『毎日新聞』二〇一八年四月四日）。その背景には、深刻化する子どもの貧困問題がある（詳しくは第二章参照）。

記事では、東京上野にある真言宗智山《ちさん》派の寺院・成就院《じょうじゅいん》や新潟市の真宗大谷派の寺院・金宝寺《こんぽうじ》、キリスト教界の取り組みが紹介されている。成就院の福田亮雄《りょうゆう》住職が子ども食堂を始めたきっかけは、子どもの貧困のニュースを知ったことだという。檀家の多くが転居し、講演会などの機会を設けていたが、物足りなさを感じていた時のことだった。寺を社会に開こうと決め、檀家でなくても構わず、「必要としている人」のために子ども食堂を行うことを決意したという。

大変な社会状況の中で困難や問題を抱え、支援やケアを必要としている人たちのために、お寺の社会活動がなされている、ということがこの記事からうかがえる。

本書では「お寺の社会活動」を「仏教の社会活動」と捉え、「仏教の社会活動」を——宗教社会学者・稲場圭信《けいしん》の「宗教の社会貢献」の定義に依拠し——「仏教者、仏教団体、寺院が仏教の教え・思想や信仰にもとづき、社会問題の解決や人々の生活の質の維持・向上を図る活動」と定義しておく（詳しくは後述）。

仏教の社会活動の類型については本章第3節で詳述するが、児童を対象とした仏教社会福祉活動（戦前は仏教社会事業と呼ばれた）は戦前から仏教者や仏教団体、寺院が積極的に取り組んできた活動だった。例えば、『仏教徒社会事業大観』（一九二〇）は大正時代の仏教徒社会事業の概要をまとめた資料集だが、この中で「育児事業」「貧児教育事業」「子守教育事業」「幼児保育事業」が紹介されている。戦後も仏教者や寺院は児童福祉の担い手として活動してきた。仏教系の社会福祉施設では、保育所などの児童福祉施設が最も多いことからもそれが明らかである。

つまり、お寺と子ども食堂との関わりは、そうした近現代の「仏教と児童福祉」の歴史の積み重ねの上にあることがおわかりいただけるだろうか。

†「宗教団体の社会貢献活動」に関する調査結果

お寺の社会活動は、現在、「宗教（あるいは宗教団体）の社会貢献活動」と呼ばれることがある。では、こうした活動は日本社会でどのように認知され評価されているのだろうか。

ここで、（公財）庭野平和財団が二〇一六年六月に行った「「宗教団体の社会貢献活動に関する調査」報告書」に注目してみよう（個別面接調査、有効回答数一一八五人（三〇・〇％））。ちなみに、この調査は二〇〇八年、二〇一二年に続く三回目の調査である。

まず、宗教の社会貢献活動の認知度だが、「あなたは、宗教団体が、女性や子どものた

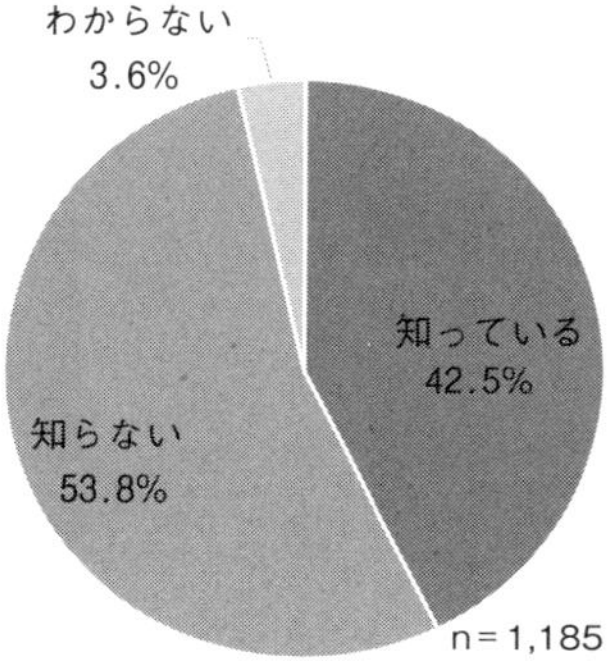

図1　宗教の社会貢献活動の認知
（出典：『第3回「宗教団体の社会貢献活動に関する調査」報告書』より作成）

めの学校教育活動、弱者のための病院運営などの社会貢献活動を長い間行ってきたことを知っていますか？」との質問に対して、その結果は図1の通りである。「知っている」と答えたのは四二・五%、「知らない」が五三・八%、「わからない」が三・六%だった。約六〇%が「知らない」「わからない」と回答しており、その認知は高いとはいえまい（ただし、その認知は過去二回と比べると八%ほど上昇している）。

　では、宗教団体による社会貢献活動の評価はどうだろうか。宗教団体が行ってきた社会貢献活動に対してどのように考えるかを尋ねた質問の結果が、図2である。「たいへん立派な活動で、もっと活発に行ってほしい」が一番多く、「宗教団体が勝手にやっていることで、やってもやってもらわなくてもどちらでもかまわない」「宗教団体がこのような社会活動を行っていたことを知らなかった」と続く。

「もっと活発に行ってほしい」という肯定的な評価が二三・九%を数えた一方、「どちらでもかまわない」という無関心層が二三・二%とほぼ同じ割合だった。ちなみに過去二回

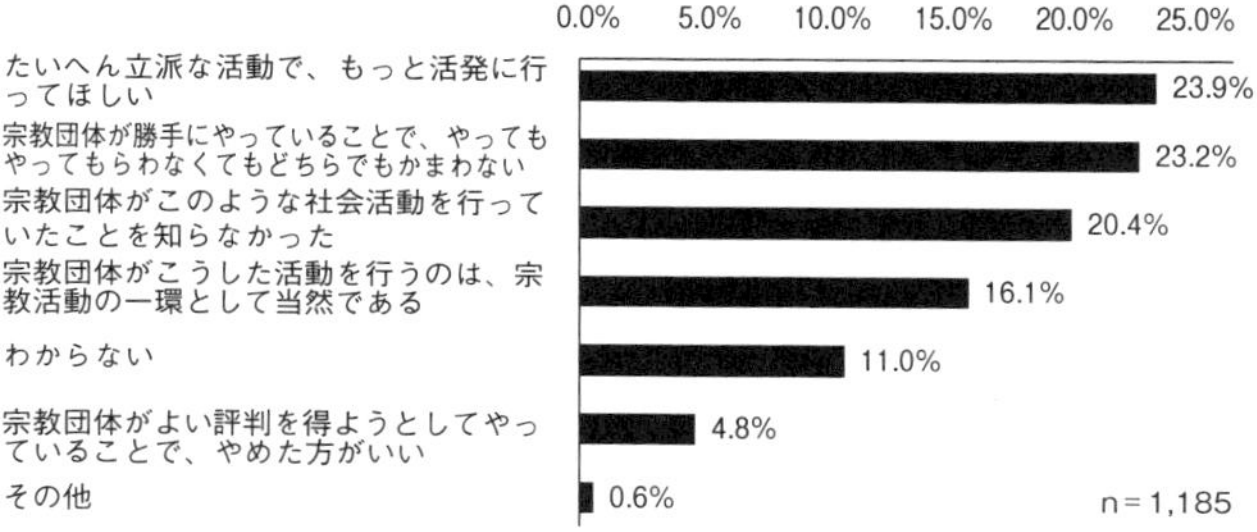

図２　宗教団体の行う社会貢献活動の評価（出典：『第３回「宗教団体の社会貢献活動に関する調査」報告書』より作成）

の調査では「知らなかった」が最も多かったが、今回は「もっと活発に行ってほしい」がそれを上回った。しかし、「どちらでもかまわない」「知らなかった」を足すと、四三・六％となる。

以上、これらの意識調査の結果を見ると、宗教団体の行う社会貢献活動の認知や評価は決して高いとはいえず、知らなかったり、関心がない割合が高い結果になっている。

†東日本大震災を経て

ところが、仏教に対する一般社会の評価に少なからぬ変化を与えた出来事が起こる。二〇一一年三月一一日の東日本大震災の発生である。一万五八九七人の死者、二五三四人の行方不明者（警視庁調査、二〇一八年一二月時点）という未曽有の被害をもたらした大参事に際して、数多くの宗教者、宗教団体が震災発生直後から被災地入りし、支援・復興活動に取り組んだ。その概要は、稲場圭信・黒崎浩行《ひろゆき》編『震災復興と宗教』（明石書店、二〇一三）で報告されており、北村敏泰《としひろ》『苦縁——東日本大震災 寄り添う宗教者たち』（徳間書店、二〇一三）にも詳しい。

震災後のメディア報道に注目し、一般社会における仏教に対する評価の変化を分析したのが、宗教学者の碧海寿広《おおみとしひろ》である（「震災後の仏教に対する評価」『佛教大学総合研究所共同研究成果報告論文集』六号、二〇一八）。（公財）国際宗教研究所・宗教情報リサーチセンター（RIRC）の宗教記事データベースに収録された宗教関係の報道記事を検討した結果、被災地での僧侶の活動が一定期間にわたり、肯定的に評価されたという。具体的には、①被災地で読経などの宗教実践を行う僧侶の紹介、②実践の中で自問する僧侶たちの内面への注目、③震災が仏教にとっての転機になる可能性の指摘があったという報道の特徴を指摘している。

また、碧海の研究で興味深いのは、震災後のメディア報道の中で、僧侶の居住空間である寺院に新たな光が当てられ、寺院に対する社会の捉え方にも変化が生じたと指摘されていることである。

震災後、一部の寺院が被災者たちの避難所となり、数百人規模の被災者が身の安全を求めた寺院や半年近くにわたって避難民を受け入れた寺院もあった。「避難所としての寺院」という機能はもともと寺院が備えていた機能だったが、そうした側面が震災後にマスメディアで繰り返し報道されたという。

その後、全国各地の自治体では、将来の災害を見越して寺院を避難所に指定したり、地域の仏教会と災害協定を結ぶ例が増えてきた（その具体例は、稲場圭信「自治体と宗教施設との災害協定に関する調査報告」『宗教と社会貢献』五巻一号、二〇一五参照）。碧海によると、震災をきっかけとして、こうした寺院の公共的役割、寺院の公共性が評価されるようになった。

2　議論される宗教の公共性・公益性

†宗教法人法の改正と公益法人制度改革

東日本大震災の経験が仏教者の宗教実践、仏教者や教団の支援・復興活動、寺院の公共性について注目されるきっかけとなった。ただし、それ以前から宗教（仏教や寺院）の公共性（publicness）・公益性（public utilities）はアカデミズムで議論され、マスメディアで盛んに論じられていた。そうした宗教の公共性・公益性をめぐる議論の中で、公共空間におけるお寺の社会活動、すなわち、「日本仏教の公共的機能」（島薗進「現代日本の宗教と公共性」島薗・磯前順一編『宗教と公共空間』東京大学出版会、二〇一四）が注目されるようになった。

では、いつごろから、なぜ、宗教の公共性・公益性がアカデミズムやマスメディアで議論されるようになったのだろうか。筆者は、一九九〇年代後半にその議論が始まり、二〇〇〇年代以降に本格的に論じられるようなった、と考える。その社会的背景として、①一九九五年のオウム真理教地下鉄サリン事件をきっかけとした宗教法人法の改正（一九九六年）、②二〇〇〇年代前半以降の公益法人制度改革の実施（二〇〇六年に公益法人制度改革関連三法の成立）、③一九九八年以降の社会福祉基礎構造の改革（社会福祉の分権化・民営化）、④二〇〇〇年代半ば以降の政府による「新しい公共」の提言、という四点を挙げたい（②と③については、白波瀬《しらはせ》達也『宗教の社会貢献を問い直す』ナカニシヤ出版、二〇一五を参照した）。以下、簡単に説明しよう。

①と②は、宗教法人の公益性をめぐる問題である。

まず、①についてだが、一九九五年三月二〇日、オウム真理教による地下鉄サリン事件（以下、オウム事件）が起きた（同年一月一七日は阪神・淡路大震災の発生）。一三名が命を落とし、六〇〇〇名を超える人々が負傷した大参事だった。教団は一〇月三〇日に東京地裁から宗教法人の解散命令を受け、裁判の末、翌年一月三一日に解散が確定した。

オウム事件をきっかけとして、宗教法人法の改正に関する動きが生じる。その改正論議が社会的な危険性を持った宗教団体への対策ではなく、いつしか当時の政局の中で創価学会の政治活動への規制という側面を持ったことで、宗教界のみならず、日本社会で激しい論争が交わされた。その中で、「オウム疑惑で改めて焦点　宗教法人の税制にメス入れる時　優遇で聖域化」（『読売新聞』一九九五年四月二二日）など、宗教法人の公益性のあり方についての提起がなされ、議論となった。

結局、宗教法人法は同年一二月八日に改正が成立し、宗教法人へのチェック体制が強化された。一九五一年に同法が制定されてからの初めての実質的な改正となった。
②は①とも関連する。二〇〇〇年代前半以降の公益法人制度改革の中で、宗教法人の公益性（課税上の優遇の根拠）が再度、問題化する。二〇〇二年以降、政府によって公益法人制度改革が着手され、公益性や税制優遇の是非について有識者会議などを通じて審議された。二〇〇六年五月に公益法人制度改革関連三法が成立するが、この改革が着手され、法律が成立する過程で、宗教法人のあり方にも議論が及んだ。例えば、『朝日新聞』二〇〇四年一一月二四日の「社説　公益法人改革　骨組みはできたけれど」では、その数日前に公表された有識者会議による公益法人制度改革に関する報告書を踏まえて、「残念なこ

とに宗教法人や学校法人、社会福祉法人などは今回の改革の対象から外れた。引き続き、こうした法人のあり方を見直すことも忘れてはならない」と指摘されている。

すなわち、オウム事件後の宗教法人法の改正と公益法人制度改革の中で、宗教法人の公益性とは何かが問題となり、その説明責任が宗教法人に問われたのである。

†社会福祉基礎構造改革と「新しい公共」

③と④は、宗教者、宗教団体、宗教に関連の深い組織（ＦＲＯ。後述）と社会福祉制度、地域ガバナンスという公共性に関わる問題である。

まず、③についてだが、一九九八年六月、旧厚生省（現・厚生労働省）の審議会で社会福祉基礎構造改革に関する報告が出され、二〇〇〇年五月、この内容が反映された社会福祉法が国会で可決された。これは社会福祉の分権化・民営化を推し進めるもので、行政の権限による措置制度から、サービスの提供者と利用者の間での契約にもとづく新しい制度へと移行することになった。この政策は戦後の社会福祉国家体制の後退を意味するが、その一方、宗教者や宗教団体、ＦＲＯが国や地域レベルの福祉の担い手として公共空間に（再）参入する機会としても考えることができる。

ついで、④についてだが、二〇〇〇年代半ば以降の政府による「新しい公共」の提言によって、行政と市民の協働（partnership）によるガバナンス（統治、共治）の実現が強調された。例えば、民主党政権時代の二〇一〇年六月、「新しい公共宣言」が発表された（その提言自体は、自民党政権時代の『平成一六年版国民生活白書　人のつながりを変える暮らしと地域』に見られる）。宣言では国民、市民団体、地域組織、企業、政府による協働が強調されている。

この背景には、国家の財政危機、「平成の大合併」による地域自治体の再編、社会保障や公共サービスの「官から民へ」の移譲、新自由主義政策による「小さな政府」の志向といった行政の事情がある。その意味で「新しい公共」とは、国家・自治体が国民のナショナルミニマム（国家が国民に対して保障する最低限の生活水準）を切り詰め、それらを民間に委ねながら、地域再編を図ろうとする政策理念である（この点で③と関連する）。

ただし、協働への注目は、阪神・淡路大震災（一九九五年）を起点とするボランティア活動の盛り上がりと特定非営利活動促進法（ＮＰＯ法）の成立（一九九八年）を契機とした市民団体の伸長といった事情もある。宗教者や宗教団体を含めた市民がより積極的にコミュニティ政策と地域ガバナンスに関与する機会と捉えることもできるだろう。

つまり、公共空間における「日本仏教の公共的機能」を発揮する舞台裏の事情として、社会福祉基礎構造改革と「新しい公共」の問題があるといえよう。

†仏教の社会活動の研究

以上のような社会的背景の下、二〇〇〇年代以降、公共空間での仏教者や寺院の社会活動の研究が進展する（その中で宗教の公共性・公益性も議論された）。

特徴的な社会活動（ただし宗教活動も含む）をしている仏教者を取り上げ、現代の伝統仏教の現状に対する問いかけを行ったのが、上田紀行『がんばれ仏教！』（NHKブックス、二〇〇四）である。この本では、故・有馬実成《じつじょう》（曹洞宗ボランティア会、現・シャンティ国際ボランティア会）、本書第八章の執筆者である秋田光彦（大阪、應典院）、高橋卓志《たくし》（松本市、神宮寺）、梶田真章《しんしょう》（京都、法然院）、玄侑宗久《げんゆうそうきゅう》（小説家）、南直哉《じきさい》（東京、青松寺獅子《せいしょうじしし》吼《く》林サンガ、現在は青森、恐山菩提寺《おそれざんぼだいじ》院代、福井、霊泉寺住職）といった仏教者たちの活動が紹介されている。上田は「あとがき」で自らの著作は世界仏教の視点から捉えれば、「エンゲイジド・ブッディズム」の立場に近いと述べている。

エンゲイジド・ブッディズム（Engaged Buddhism）研究は、一九九〇年代以降に欧米の研究者たちによって始まった仏教の社会活動・政治活動に関する新しい研究分野である（この概念自体はベトナムの僧侶ティック・ナット・ハンによって一九六三年に初めて用いられた）。クリストファー・クィーン、サリー・キング編『社会参加仏教――アジアにおける仏教的な解放運動』（一九九六、未訳）やクィーン、チャールズ・プレビッシュ、ダミアン・ケーオン編『行動するダルマ――社会参加仏教の新しい研究』（二〇〇三、未訳）といった英語の成果が公刊されている。

このエンゲイジド・ブッディズム研究を本格的に日本に導入したのは、インド人女性研究者のランジャナ・ムコパディヤーヤである。彼女は、この概念を「社会参加仏教」と翻訳し、『日本の社会参加仏教』（東信堂、二〇〇五）という重厚な成果を刊行した。彼女は、法華・日蓮系の新宗教団体の法音寺《ほうおんじ》と立正佼成会《りっしょうこうせいかい》の社会活動を事例として、二つの教団の社会活動がたんなる福祉活動やボランティア活動ではなく、宗教的意義を持った社会活動であることを明らかにした。

また、朝日新聞社記者である磯村健太郎の『ルポ仏教、貧困・自殺に挑む』（岩波書店、二〇一一）では、ホームレスの貧困問題や自殺防止活動などに取り組む伝統仏教の僧侶たちの活動が紹介されている。「人の苦に寄り添い、戸惑いながら、それでもかたわらにいようとする僧侶たち」の取り組みを紹介し、「寄り添う仏教」の姿を描いている。

†宗教の社会貢献研究からソーシャル・キャピタル研究へ

エンゲイジド・ブッディズム研究の進展や現代仏教のドキュメントの刊行と呼応しなが

ら、日本の宗教研究者の間で起動したのが、宗教の社会貢献研究である。二〇〇六年六月、稲場圭信、藤本頼生《よりお》、筆者（大谷）の三人が発起人となり、「宗教と社会」学会のプロジェクトとして、宗教の社会貢献活動研究プロジェクトが立ち上がる（二〇一一年六月まで実施）。このプロジェクトの成果として刊行されたのが、稲場圭信・櫻井義秀編『社会貢献する宗教』（世界思想社、二〇〇九）である。この論集は「宗教の社会貢献」という概念を用いて、宗教の社会的役割や社会事業の成果を確認することで、宗教の公共的役割を論じることを目的としたものである。神社神道や地域社会での宗教施設の社会貢献活動、諸宗教団体の社会活動が紹介されている。

この中で、稲場は「宗教の社会貢献」を「宗教者、宗教団体、あるいは宗教と関連する文化や思想などが、社会の様々な領域における問題の解決に寄与したり、人びとの生活の質の維持・向上に寄与したりすること」と定義している。この定義を踏まえ、「社会貢献」を「社会活動」に読み替えたうえで、筆者は「仏教の社会活動」を「仏教者、仏教団体、寺院が仏教の教え・思想や信仰にもとづき、社会問題の解決や人々の生活の質の維持・向上を図る活動」と定義する。この定義では、活動を行う主体を人・組織・施設として、在家者／出家者、伝統教団／仏教系新宗教教団を弁別せず、網羅することにする。

その後、東日本大震災の発生を経て、社会貢献活動研究プロジェクトを継承した「宗教と社会貢献」研究会のメンバーを中心として、「叢書　宗教とソーシャル・キャピタル」全四巻（『アジアの宗教とソーシャル・キャピタル』『地域社会をつくる宗教』『ケアとしての宗教』『震災復興と宗教』）が明石書店から二〇一二～一三年に刊行された（責任編集は櫻井と稲場。筆者は藤本と『地域社会をつくる宗教』の編集を担当）。

「ソーシャル・キャピタル（social capital）」とは「社会関係資本」と訳され、「人々の協調行動を活発にすることによって、社会の効率性を改善できる、信頼、規範、ネットワークといった社会組織の特徴」（ロバート・パットナム『哲学する民主主義』河田潤一訳、NTT出版、二〇〇一）、すなわち、信頼と互酬性（見返りの期待なしに他人を助けるという習慣）の規範にもとづく豊かな社会関係を意味する。

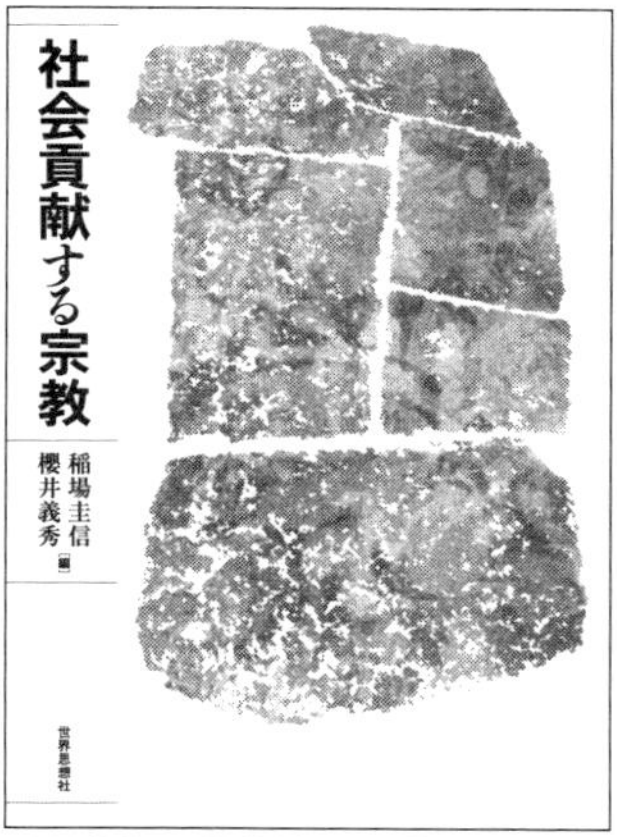

稲場圭信・櫻井義秀編『社会貢献する宗教』書影（世界思想社、2009）

　ソーシャル・キャピタルは経済活動、地域社会の人間関係、国民の福祉・健康、教育、政府の効率など、幅広い領域に影響を及ぼす。現代日本の地域社会における寺院、神社、教会などの宗教施設もソーシャル・キャピタルの源泉や苗床と捉えることができる。ただし、ソーシャル・キャピタルにはしがらみという負の側面もある。また、地域社会や既存の宗教組織の中の権力関係による男女の不平等や弱者の抑圧にも注意する必要がある（小松加代子「宗教は人々の絆をつくりあげるのか」『紀要』六号、二〇一四）。

こうして、宗教の社会貢献研究はソーシャル・キャピタル研究に接続し、アジア諸地域、国内の地域社会や被災地、医療・福祉などのケアの現場という公共空間における仏教者やお寺の社会活動を分析するための有益な視座をもたらしたのである。

なお、以上のような二〇〇〇年代以降の仏教の社会活動の研究、宗教の社会貢献研究、ソーシャル・キャピタル研究が本書の「はじめに」で紹介した日本の仏教界の大きなうねりと連動していることはいうまでもない。社会活動を実践する仏教者やお寺、それを研究する研究者、また、宗教の社会貢献を好意的に報じるマスコミ関係者という複数のアクターが呼応しながら大きなうねりが形成されたのである（小川有閑「僧侶による〝脱〟社会活動」西村明編『隠される宗教、顕れる宗教』岩波書店、二〇一八）。

その中で宗教（仏教）の公共性・公益性が議論され、「日本仏教の公共的機能」が問われてきたのである。

3 「お寺の社会活動」を類型化する

†類型化のモデル

では、仏教者やお寺の社会活動にはどのような種類の活動があるのだろうか。その類型（typology）をいくつか紹介しよう。

最初に、稲場圭信による類型である。稲場は宗教の社会貢献の内容に即して、①緊急災害時救援活動、②発展途上国支援活動、③人権・多文化共生・平和運動・宗教間対話、④環境への取り組み、⑤地域での奉仕活動、⑥医療・福祉活動、⑦教育・文化振興・人材育成、⑧宗教的儀礼・行為・救済と区分した。これらは従来、宗教の社会活動として研究されてきた領域であり、宗教の社会貢献活動と宗教の社会活動は互換的であり、仏教者やお寺の社会活動の類型としても捉えることができる。

次に、筆者による宗教の社会貢献活動（社会活動）の類型である。筆者はその活動形態に注目して、①サービス系（社会福祉、ボランティア、人道支援、イベントなど）、②アクティビズム系（政治活動、社会運動、平和運動）、③ダイアローグ系（宗教間対話、国際・国内会議、国際交流など）と区分した（「平和をめざす宗教者たち」前掲『社会貢献する宗教』）。

さらに、島薗進による類型はより現代的な活動の内容を踏まえたより網羅的なものである。①災害支援、②無縁者・貧困者支援・自殺防止、③世界各地の様々な苦難・困難への支援、④緩和ケア・スピリチュアルケア、⑤広く医療や健康への関与、⑥地域社会の諸問題への貢献、⑦環境問題・原発問題への関与、⑧生命倫理・応用倫理への関与、⑨平和・戦争・人権に関わる問題への関与、⑩世界の諸宗教との対話・協力・融和のための活動、⑪教育（子どもの養育、学校、大学、社会教育）への貢献、⑫伝統文化・精神文化の継承と発展と大別している（前掲「現代日本の宗教と公共性」）。

島薗は、（これらの諸活動は）「これまでなされてきたことが多いが、それをいっそう積極的に、かつ公共空間への参与という自覚を持っていこうとする機運が高まってきている」と指摘している。

以上の類型化のモデルは、現代日本のお寺の社会活動を理解する参照軸となるだろう。

†FROによる社会活動・福祉活動のパターン

これらの類型化に対して、「FROによる社会活動・福祉活動のパターン」を四象限モデルとして提示し、宗教の社会活動・福祉活動のダイナミックな分析軸を示したのが、福

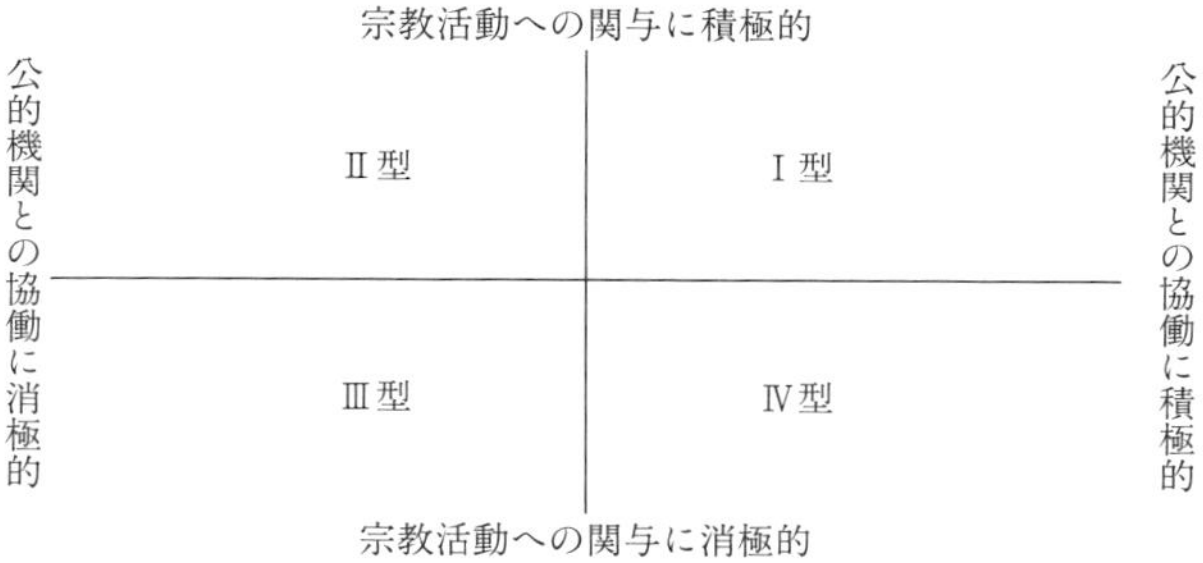

図3　FROの社会活動・福祉活動のパターン（出典：白波瀬達也『宗教の社会貢献を問い直す』ナカニシヤ出版、2015）

祉社会学・宗教社会学等を専攻する白波瀬達也である（前掲『宗教の社会貢献を問い直す』）。白波瀬は、稲場の「宗教の社会貢献」の定義での「宗教」が「宗教者、宗教団体、あるいは宗教と関連する文化や思想など」とあやふやなため、「宗教と結びつきのある組織（Faith-Related Organization）」という概念を新たに用いる。というのも、日本の場合、宗教者と非宗教者がコラボレーションする中で事業を展開したり、宗教団体が公的機関との協働を展開するために便宜的に世俗的な法人として活動を行うケースが目立つためである（ちなみに、白波瀬は「宗教の社会貢献」概念は文脈依存性が強いため、通時的・共時的なアプローチで研究する際には大きな制約があるとして用いない）。

白波瀬は「宗教活動への関与」と「公的機関との協働」という二つの変数を用いて、図3のような類型を提示する。

公的機関との協働は、公共空間における宗教の社会活動の展開を考える時に重要な視点である。とりわけ、宗教活動を積極的には行わず、公的機関との協働が見られるⅣ型は——白波瀬が言うように——特定の信仰を背景に持つ社会福祉法人やＮＰＯ法人が主な担い手であり、宗教法人ではないので、こうした団体（ＦＲＯ）をも宗教の社会活動研究の対象に含める研究上のメリットは大きい。また、このモデルは四象限の類型間の移動も見ることができ、「宗教と社会」の関係を動態的に把握することができよう。

なお、白波瀬のモデルでもう一つ重要なのは、「宗教活動への関与」という変数である。じつは、宗教（仏教）の社会活動を分析する際、宗教活動と社会活動の区別が問題になり、さらには教化活動《きょうかかつどう》との関係も課題になる。

儀礼や法要、祈願や祈禱《きとう》、修行などの宗教活動、社会問題の解決や生活の質の維持・向上のための社会活動に対して、教化活動の位置づけはあいまいである。「教化《きょうけ》」とは「教導化育するの意。人々を教育・訓練することにより、あるいは仏教徒成らしめ、あるいは仏と成る資格を持つように導くこと」（『岩波仏教辞典　第二版』）と定義されており、仏教的な教え・思想によって他者を教導化育するための活動は、すべて教化活動に含まれることになる。また、布教活動や伝道活動とも重なる。さらには、教化活動は宗教活動や社会活動と重なりを持つ活動である。あるいは、宗教活動と社会活動を媒介する活動であるとも言えるかもしれない。この点は、「宗教的儀礼・行為・救済」を「宗教の社会貢献」に含める稲場圭信の問題意識にも関連する論点だろう。

この三者の関係は宗教や教派・宗派によっても定義が異なり、明確に定義することや弁別することは難しい。むしろ、三者の関係性に注目しながら、宗教（仏教）の社会活動を分析することが重要ではなかろうか（図4）。

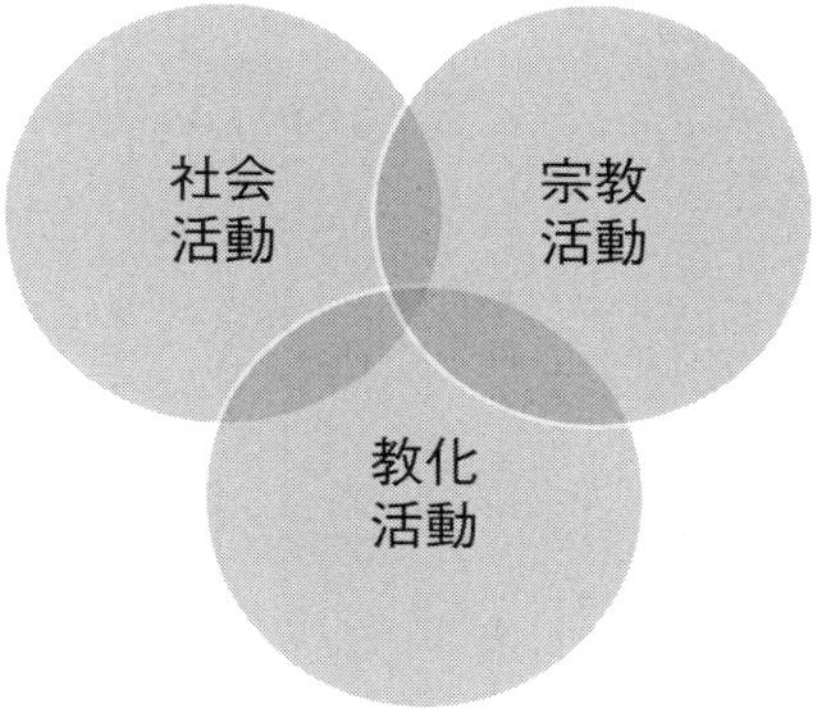

図4　宗教活動・教化活動・社会活動の関係

4 「ともに生きる仏教」とは

†「寺を開く」ための対話と協働——ともにすること

最後に、あらためて宗教の公共性・公益性について検討し、お寺の社会活動の特徴について考えてみたい。

まず、宗教の公益性についてだが、「宗教法人の公益性」（西村明編『隠される宗教、顕れる宗教』岩波書店、二〇一八）を著した竹内喜生《よしお》によれば、戦前における宗教法人の公益性は国益とほぼ同義だったが、戦後には「宗教法人法は宗教法人それ自体の「公益性」を必ずしも前提としたものではなかった」との大原康男の指摘を踏まえ、戦後の宗教法人の公益性は現行の宗教法人法制からは読み取ることが不可能であると述べる。

では、宗教法人に公益性がないのかというと、そうではない。公益法人と同じ意味での公益性は宗教法人に存在しないが、一般の不特定多数の人たちのニーズに応え、精神的なニーズを満たす役割を持ち、宗教活動を社会のニーズに合わせるという「チューニングの必要性」を指摘する。そして、そうした人々の精神的な部分への寄与を宗教法人ならびに宗教固有の公益性であると強調する。いわば、一般の不特定多数の人たちのニーズとその精神的なニーズへの応答に、宗教の公益性を見ている。

また、宗教の公共性を考える時、そもそも公共性とは何かを考える必要がある。齋藤純一によれば、公共性には①国家に関係する公的な（official）もの、②すべての人びとに関係する共通のもの（common）という意味、③誰に対しても開かれている（open）という意味に大別できるのではないか、という（『公共性』岩波書店、二〇〇〇）。戦前の宗教は公共的な（official）ものに関わったが、現代における宗教の公共性は誰に対しても開かれている（open）ことが重視されている。本書の第八章で、秋田光彦は繰り返し「寺を開く」ことの意味を自問し、読者にも問いかけている。その一節を借用するなら、「寺を開く」とは「社会に対し、繰り返し対話と協働を試みることである」。それを様々な手法で実践してきたのが、二〇年を超える應典院の歴史だと言えるだろう。

このように見てくると、一般の不特定多数の人たちのニーズとその精神的なニーズに応答し、「寺を開く」ということが、寺院の公益性であり、公共性であるということになる。だが、はたして現在、寺院は誰に対しても開かれているだろうか。社会のニーズに応え、宗教活動や社会活動、教化活動のチューニングをしているだろうか。

ここで、ソーシャル・キャピタルという補助線を引いて考えてみよう。

寺檀制度に立脚する日本の寺院は、基本的に結合型のソーシャル・キャピタルを醸成してきた。結合型は内部の人々の関係性を安定させ、つながりをもたらす強力接着剤の機能を持つ。すなわち、檀家や檀信徒を対象とした活動を中心としてきた。しかし、「寺を開く」には外部とのつながりや情報の流通に優れた潤滑油の機能である橋渡し型のソーシャル・キャピタルを形成することも必要となる。パットナムは、ソーシャル・キャピタルが意味するのは社会的なつながりのネットワークであり、「「共にする」こと」であると強調する（『孤独なボウリング』柴内康文訳、柏書房、二〇〇六）。つまり、秋田のいう「くりかえしの対話と協働」である。アイドル「てら＊ぱるむす」のプロデュースを行う池口龍法は、大学生との対話と協働を繰り返しながら「寺を開いている」ことが、本書第三章を読むと、よくわかる。

地域社会に存続する日本の寺院は、そのほとんどが「地域寺院」という特徴を持つ（この言葉は、大正大学地域構想研究所・BSR推進センター発行の『地域寺院』に依拠する）。地域社会の中で仏教者（僧侶や寺族）たちが檀家ならびに檀家以外の住民とともに地域ガバナンスに参与し公共的機能を果たすことで、寺院の公共性・公益性が発揮されるのではなかろうか。

†ケアと臨床――ともにあること

現代日本の仏教者とお寺の社会活動を考えるうえで、「ケア」と「臨床」もまたキーワードとなる。東日本大震災以降、ケアに対して大きな注目が集まっている。本書の第六章で、大河内大博は医療・福祉領域のケアに僧侶が携わる運動の源流は一九八〇年代に遡り、その具体例として、ビハーラ（仏教版ホスピス）を挙げる。

東日本大震災以降、「宗教者による心のケア」という表現が違和感なく多くのマスメディアで取り上げられるようになった（高橋原《はら》「大震災後の宗教者による社会貢献と「心のケア」の誕生」西村明編『隠される宗教、顕れる宗教』岩波書店、二〇一八）。高橋原によれば、そもそも「心のケア」は一九八〇年代半ばからマスメディアで散見されるが、一九九五年の阪神・淡路大震災をきっかけに急速に浸透した。さらに東日本大震災を経て、心のケアという概念が傾聴活動から追悼慰霊行事までを含む宗教者たちの活動を包括するものとして認識されるようになったという。

東日本大震災後の仙台市に被災者支援を目的として、医療と宗教の協働を掲げた「心の相談室」をベースに、二〇一二年四月に東北大学大学院文学研究科実践宗教学寄附講座が設置され、臨床宗教師（日本版チャプレン）の養成が始まる。臨床宗教師とは、「被災地や医療機関、福祉施設などの公共空間で心のケアを提供する宗教者」を意味する。全国各地の仏教系大学で養成講座が次々と開設され、二〇一六年二月には日本臨床宗教師会が発足し、翌年二月には一般社団法人化した。

また、日本スピリチュアル学会がスピリチュアルケア師という認定資格制度を二〇一二年に設け、さらに（公財）全国青少年教化協議会・臨床仏教研究所が臨床仏教師の資格認定を二〇一五年に開始するなど、「「宗教」と「臨床」の（再）接近」（高橋原）は進展を見せている。

このように、現在、被災地や医療・福祉などの臨床の現場に僧侶も積極的に関与している。本書の執筆者たちも様々な現場に関わっており、その関わり方には共通点があると筆者は考える。おてらおやつクラブの松島靖朗（第二章）は、仏が私たちを見捨てずに救うように、自助・共助・公助から漏れ落ちる立場の人たちの受け皿になり、三助に戻る支援を「仏助」と名づけている。また、サラナ親子教室で子育て支援を行う関正見（第四章）はお寺を訪れた親子と一緒に泣きながら笑いながら過ごすさまを紹介している。

猪瀬優理（第五章）が調査した広島県北仏婦ビハーラ活動の会の故・藤井睦代会長はご縁、つながりを大事にしていたという。おうみ米一升運動に励む曽田俊弘（第七章）は、法然に範を仰ぐ「凡夫が凡夫に寄り添う」という姿勢で被災地・生活困窮者支援に取り組むべきことを強調している。さらには、大切な人を亡くした人々のグリーフケアに携わる大河内大博（第六章）は、ご遺族が亡き人とともに生きるために「伴走者」として同行すると語っている。

すなわち、六人に共通するのは、「ともにある」という姿勢である。それは生者と生者の関係にとどまらず、生者と死者の関係にも及ぶ。とりわけ、大河内が述べる「出会い直し」、つまり、亡き人について語る時、私たちはその都度、亡き人と「出会い直し」をしているという指摘は印象的である。その時、私たちは亡き人と「ともにある」のではなかろうか。

本書のタイトルである「ともに生きる仏教」は、大本山増上寺《だいほんざんぞうじょうじ》法主や大正大学学長、衆議院議員も務めた浄土宗の椎尾弁匡《しいおべんきょう》（一八七六～一八七一）によって、一九二〇年代に創唱された「共生《ともいき》」に基づいている。この言葉は、中国浄土教の大成者である善導《ぜんどう》（六一三～六八一）の『往生礼讃《おうじょうらいさん》』にある「願共諸衆生、往生安楽国」の「共」と「生」を典拠とした造語である。本来は「ともにうまれる」という意味を「ともにいきる」と読み替えたものであり、善導や法然の浄土教の現代化を試みた思想である（齋藤蒙光《むこう》「椎尾弁匡の浄土教解釈」『共生文化研究』創刊号、二〇一六）。

伝統をもとに、つねに仏教はアップデートされる。その活動はチューニングされ続ける必要がある。

なぜ、お寺が社会活動を行うのか？　それは社会のニーズに応え、「ともにする」ためであり、「ともにある」ためである。「ともに生きる仏教」とは「ともにすること」であり、「ともにあること」でもある。そのための拠点が地域であり、寺院である。

本書を通じて、そうした「ともに生きる仏教」の最先端のドキュメントを読者にお届けする。

第二章

貧困問題――「おてらおやつクラブ」の現場から

松島靖朗

1 「おてらおやつクラブ」のはじまり

†「おそなえ」を「おさがり」として「おすそわけ」

「いただいたお菓子に喜んでいる息子を見て嬉しく思っています。沢山の幸せも一緒に届けていただいたような感じです」

「毎月、果物を入れていただいています。子どもたちが大きくなるにつれて食費も増えていくので、果物はなかなか買うことができません。お寺さんから果物をいただいて、本当にうれしいです」

「たくさんのお菓子をありがとうございました。おてらおやつクラブの支援をいただくようになってからは我が家ではサンタさんよりお坊さんのほうが楽しみな存在になっています」

これは「おてらおやつクラブ」からのおすそわけを受け取ったお母さんたちから寄せられた声である。お寺というと彼岸やお盆のお墓参りに足を運ぶぐらいで、年に数回も接点がないという人も多いだろう。日常生活はもちろん、お葬式にさえお坊さんは要らないという人もいるぐらいだ。そんな中、お寺にあるお供え物を困っている家庭におすそわけすることで、お寺を社会福祉の担い手として新たなつながりを目指した取り組みが「おてらおやつクラブ」である。立ち上げの背景にあったのは、二〇一三年に起きたある事件だった。

†大阪で起きた母子餓死事件

二〇一三年五月二四日、大阪市北区天満のマンションの一室で母子が餓死状態で発見された。「悪臭がする部屋を調べたら人が倒れている」と一一〇番通報があり、駆けつけた大阪府警天満署員が三階の一室で住人と見られる成人女性と三〜四歳ぐらいの性別不詳の幼児の遺体を発見した。死後数カ月が経過し、腐敗が進んでいた。二人は洋間に敷かれた布団の上で仰向けに倒れていた。女性は布団からはみ出し、幼児はその隣で上半身に毛布とバスタオルがかけられた状態だった。女性は冬物のスウェットの上下、幼児は厚手のトレーナーを着ており、おむつカバーには大量の排泄物《はいせつ》が付着。二人とも体の一部がミイラ化していたという。

この女性Xさん（二八歳）は数年前に夫から配偶者間暴力（DV）を受けていたので、夫と別居してマンションに移ったが、自身の実家にも居場所を伝えていなかった。夫に居場所を知られないようにするためと見られる。行政に支援を求めた形跡はなく、頼る相手もいないまま孤立を深めた可能性が浮上している。電気は止められ、冷蔵庫に食べ物は入っていなかった。現金はほとんどなく、室内に「最後にもっとたくさん食べさせてあげられなくてごめんね」とのメモもあった。電気やガスも止められ、深刻な困窮状態だったと見られる。

このニュースを聞いた私は、この豊かな日本で餓死が起こるということに大きなショックを受けた。自分自身も三児の父である。あのメモを書いたお母さんの気持ちを思うと居ても立ってもいられなかった。

＊

お寺は檀信徒や地域の人々から沢山の食べ物を仏さまへのお供え物としていただく。

我々お寺で生活するものは仏さまへのお布施やお供物をおさがりとしていただいているが、時には十分過ぎるお供え物を無駄にしないために頭を悩ませることもあった。傷んでしまう果物、賞味期限の切れたお菓子。なんとかお寺にあるお供え物を新鮮なうちに、様々な事情で生活に困窮する人に届けることができないか？　お腹を空かせた子どもたちに「おやつ」を「おすそわけ」できないか？　それが大阪で起こった悲劇を二度と繰り返さないためにお寺ができることではないか？　気がつくと動き出していた。

私たちのすぐ隣で困窮する子どもたち。「子どもの貧困」が深刻化する中で、お寺の「ある」と社会の「ない」をつなげる活動として二〇一四年に立ち上げたのが「おてらおやつクラブ」である。

†「おてらおやつクラブ」の立ち上げ

「おてらおやつクラブ」はお寺がいただく仏さまへの「おそなえ」を「おさがり」として「おすそわけ」する活動で、現在四七都道府県の一〇三五カ寺を超えるお寺が趣旨に賛同して参加している。宗派も様々。各お寺は、事務局が紹介する母子家庭や生活困窮者を支援する全国四〇八ほどの団体（ＮＰＯ団体や社会福祉協議会、子ども食堂や行政窓口など）と連携し、必要な方々へ「おすそわけ」を送っている。毎月約九〇〇〇人の子どもたちがおやつを受け取っており、二〇一七年八月には特定非営利活動法人おてらおやつクラブとして法人化した（二〇一九年二月現在）。

「おてらおやつクラブ」からのおすそわけは、お寺でいただいたお供え物をご本尊の前に供え、お勤めをした後におさがりとして頂戴するところから始まる。お供え物はお菓子や果物が多いが、中には「おてらおやつクラブ」のことを知って日用品やレトルト食品などをいただくこともある。普段のお供え物としてはいただくことのなかったものが仏さまにお供えされるのもこの活動の特徴かもしれない。

安養寺御本尊前にお供えされたお菓子や果物などのおそなえ

また、社会貢献活動を行っている企業からパートナーとして指名いただく機会も増えている。ある時は四月の花祭りに合わせ、菓子製造販売企業からバウムクーヘンを一万個いただいたこともあった。それらを支援先の家庭の様子を想像しながら箱詰めしていく。発送の頻度は様々で、月に一度のお寺もあれば年に一度のお寺もある。頻度や発送量を定めず、

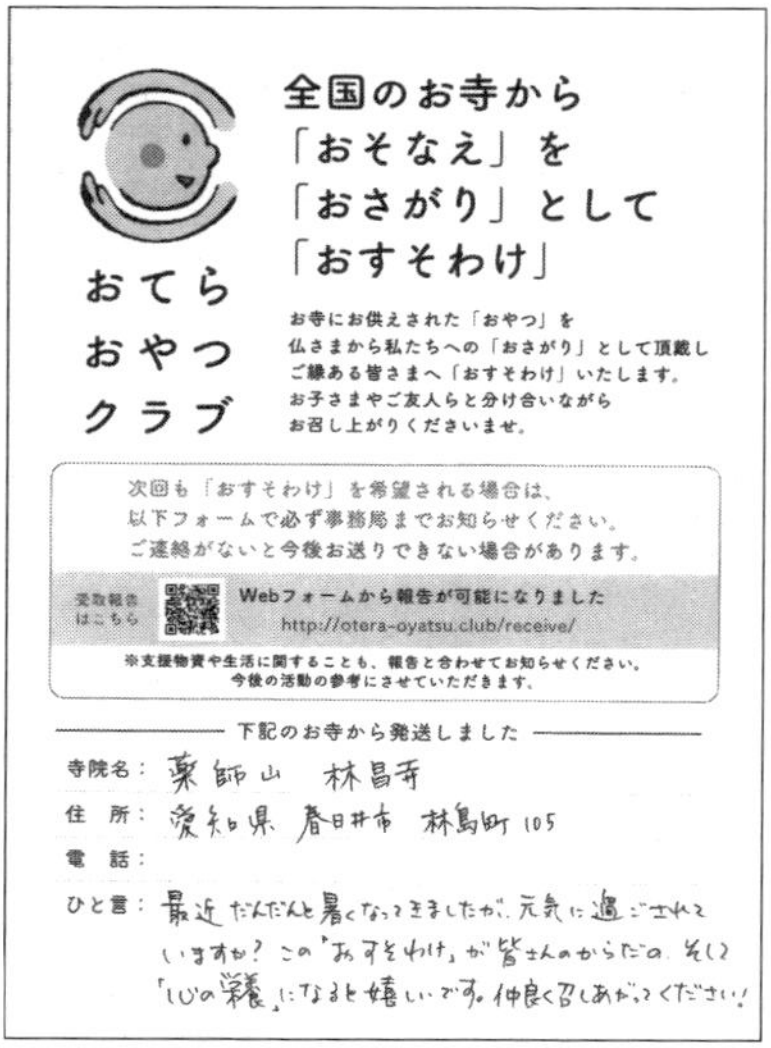

おすそわけに同梱する送付状

それぞれのお寺で無理のない範囲で協力してもらうことで参加の敷居を低くし、多くのお寺に賛同してもらえるような仕組みにしている。

最後に箱を閉じる前に、送付状を同梱する。送付状には直筆のメッセージと返信専用アドレスが記載されている。どちらも「つながり」を生むための工夫だ。メッセージには、受け取った人に見守っている人の存在を感じてほしいとの気持ちを込めている。どんなことを書こうかと頭を悩ませる時間はすなわち、貧困問題を考えるきっかけにもなる。返信専用アドレスには、荷物を受け取ったという連絡を入れてもらっている。これはその一言をきっかけに、近況や心配事などを話してもらうきっかけになればと考えているためだ。実際に多くの団体さまやお母さんが事務局宛に現場のニーズや生活苦の状況を知らせてくれる。

2　子どもの貧困

†身近にある子どもの貧困

「貧困」と聞いて皆さんは何を思い浮かべるだろうか？　発展途上国で食べるものに困る子どもたちの姿だろうか？　私もこの活動を始めるまではどこか遠くの国で起こっている出来事のように感じていた。しかし国内の貧困問題は年々深刻化している。貧困問題が広がる背景には離婚や未婚状態での子育てなど、ひとり親家庭の増加がある。全国には母親と子どものみで生活する母子世帯が八二万世帯あり、その半分が貧困状態にあると言われている。ひとり親家庭の増加は子どもの貧困を生み出す。現在、日本の子ども（一八歳未満）の七人に一人が貧困状態にあり、おおよそ二八〇万人の子どもが該当する。母子家庭の八一％が働いているが、その半数は非正規雇用だ。平均就労年収は一二五万円。母子家庭の年収は父子家庭の半分しかない（厚生労働省『平成二八年国民生活基礎調査』）。

そんな貧困層の日常はどんなものだろうか。例えば子どもたちにとって楽しいはずの夏休み。一日一食で生活する子どもたちにとっては給食が唯一の栄養源だ。給食がなくなる長期休暇は、子どもたちの貴重な食事の機会を奪ってしまうことになる。また、母子家庭ではダブルワーク、トリプルワークは当たり前で子どもと一緒に過ごす時間はほとんどない。子どもとの時間を作ろうと思えば収入が減るジレンマを常に抱えている。そんな中でもし自分が働き過ぎて体を壊してしまったら……、収入は途絶え、食事もできなくなってしまう。常に綱渡りをしているような状態で不安な日々を過ごしている家庭も多い。

そしてそういった苦しい生活をしていても、なかなか助けを求められないというのが母子家庭の現状でもある。おてらおやつクラブを立ち上げた際、協力いただいた支援団体では街に出てお母さんに声をかけ、話を聞く「アウトリーチ」という活動を行っていた。私も何度か参加させてもらったが、これは「しんどいお母さんほど助けてと言えない」という状況から始めた活動だ。母子家庭になる原因の多くが離婚や未婚。それを「自分で勝手に離婚（未婚）の道を選んだんだから自己責任」と見られることも多い。生活に困っていることを子どもの同級生や近所の人に知られたくないため、どこかに相談することを躊躇っている場合もある。

†貧困が招く「孤立」と「連鎖」

貧困には経済的な窮状と孤立の二つの問題があり、特に孤立は深刻だ。孤立するとますます周りの人たちに支援を求めることが難しくなり、自己肯定感が希薄になって一人で思い悩んでしまう。そしてさらなる貧困状態に陥ってしまうのだ。また貧困母子の心中事件や、労働時間が長く子どもが一人になる時間が多いために事件に巻き込まれてしまうといったケースも連日報道されている。

貧困状態に陥る原因は様々だが、経済的に困難な状況にあり孤立してしまうお母さんや子どもたちを自己責任論で見捨ててしまうことはできない。二〇一五年四月、生活困窮者自立支援法が施行された。行政や民間団体などもこの問題に対して様々な施策を展開しているが、決して十分とはいえない状況である。貧困問題は遠い国、発展途上国で起こっている問題ではなく、日本国内、私たちの身の回りにも存在する身近で深刻な問題なのだ。

貧困状態で生活する子どもたちは、自身が大人になった時にも貧困生活を繰り返さざるを得ない負の連鎖、貧困の連鎖を引き起こす厄介な問題でもある。親の収入が少ないと十分な教育が受けられない。それが進学や就職で不利になり、収入の高い職に就けない。そして自身が親になった時、その子どもも貧困状態に陥ってしまう。貧困状態の放置は、子ども世代、孫世代へと連鎖していくのだ。

日本財団の調査によると、貧困家庭の子どもを支援せずに格差を放置すると、現在一五歳の子どもの一学年だけでも、社会が被る経済的損失が約二兆九〇〇〇億円に達するとの見通しだ。貧困家庭の進学を促して収入のよい仕事に就くチャンスを広げないと、社会はその約二兆九〇〇〇億円を失ってしまう（「子どもの貧困」、https://www.nippon-foundation.or.jp/what/projects/ending_child_poverty/、二〇一八年一一月一七日アクセス）。

†お寺とひとり親家庭をつなぐ支援団体からの声

おてらおやつクラブが連携する支援団体は様々な活動を行っている。そんな活動の現場の様子をいただいたメッセージからいくつか紹介しよう。

「給食のない夏休みには心配な子がいるため、毎週子ども食堂を開き、そうめん流しやバーベキューなどもしました。先日子ども食堂に来た中学生は二日間何も食べていないと話していました。食べられていない子どもに接すると胸が痛くなります。帰りにわたすお菓子をどの子も楽しみにしています」

「九月一日は一年で一番自殺が多い日とマスコミで取り上げられています。しかし中にはその日を迎えてホッとしている子どもがいるのです。家に居場所がない、学校が始まってよかった、そう思っている子もいるんです。おやつを食べながら何気ない会話ができる。本当にありがたいことだと思いました」

「食糧支援を希望する方が増えてきています。一度困窮するとなかなか抜け出すことが難しく、長期の支援になります。先日は「働き先が見つからず、お金が底をつき、体重も一三キロ減り自殺しようとしたが、死にきれず……」と以前支援した方から電話をもらいました。「ゲートキーパー」として伴走型の支援をしているので、「おてらおやつクラブ」からの食品提供は大変助かります」

支援の現場の深刻さは想像以上である。お寺にできることはあるのだろうか。

3　お寺の社会福祉活動

†慈悲の実践活動

「おてらおやつクラブ」はお寺が直接、母子家庭や生活困窮者への支援を行っているわけではない。すでに支援活動を行っている専門の団体と連携し、団体を通じて「おすそわけ」を届けている。貧困問題の現場で、その課題の解決には専門知識が必要だ。お寺はあくまで、支援団体の後方支援を担うのがその役割である。連携している団体はシングルマザーを支援するＮＰＯ法人や、全国の社会福祉協議会や、子ども食堂、児童養護施設や大学生たちが主体的に運営している学習支援団体など多岐にわたる。

子どもの七人に一人が貧困といわれてもなかなか身近に実感を持つことができないのが正直なところではないだろうか。都道府県別の子どもの貧困率を見てみると一番貧困率が高いのが沖縄県の三七・五％。一番低いのが福井県の五・五％というデータがある。全国四七都道府県、どこにもゼロ％という地域はない。子どもの貧困は、特定の地域に偏っているわけではなく、どの地域でも起こっている問題だということがわかる。

そして全国には七万を超えるお寺があり、その数はコンビニより多い。お寺は昔からそれぞれの場所で様々な役割を担っていた。勉学のための寺子屋、困った時のための駆け込み寺。現代でも同じようにどの地域でも支援団体をサポートする役割でありたいと思っている。

「おてらおやつクラブ」に参加するお寺の多くが、「身近に貧困問題を考えるきっかけになった」「これなら自分たちでもできると思った」と手応えを感じている。仏教、苦しみから逃れる教えを説くものは人々が感じている苦しみを知らなければならない。苦しみを知り、苦しみから逃れるための教えを実践する。「おてらおやつクラブ」はまさにお釈迦さまが説く慈悲の実践活動の現場なのである。

「おてらおやつクラブ」にとって、いちばん大切なものは何か？　改めて実感していることがある。それは今も昔も変わることなくお寺が担ってきた役割だ。「おてらおやつクラブ」は寺院の現状を打開するために始めた活動というわけではない。お寺のお供え物を無駄にしている状況を何とかしたいという個人的な思いが原点だ。他のお寺に声をかけてみると、同じ悩みを持った人が多く、また、お寺の周辺で貧困問題が話題に上がることも多くなったこともあり、活動の輪が広がっていった。

北海道	19.7	三　重	9.5	福　岡	19.9
青　森	17.6	滋　賀	8.6	佐　賀	11.3
岩　手	13.9	京　都	17.2	長　崎	16.5
宮　城	15.3	大　阪	21.8	熊　本	17.2
秋　田	9.9	兵　庫	15.4	大　分	13.8
山　形	12.0	奈　良	11.7	宮　崎	19.5
福　島	11.6	和歌山	17.5	鹿児島	20.6
茨　城	8.6	鳥　取	14.5	沖　縄	37.5
栃　木	10.4	島　根	9.2	全　国	13.8
群　馬	10.3	岡　山	15.7		
埼　玉	12.2	広　島	14.9		
千　葉	10.4	山　口	13.5		
東　京	10.3	徳　島	12.4		
神奈川	11.2	香　川	11.6		
新　潟	12.0	愛　媛	16.9		
富　山	6.0	高　知	18.9		
石　川	10.0				
福　井	5.5				
山　梨	11.7				
長　野	11.1				
岐　阜	9.4				
静　岡	10.8				
愛　知	10.9				

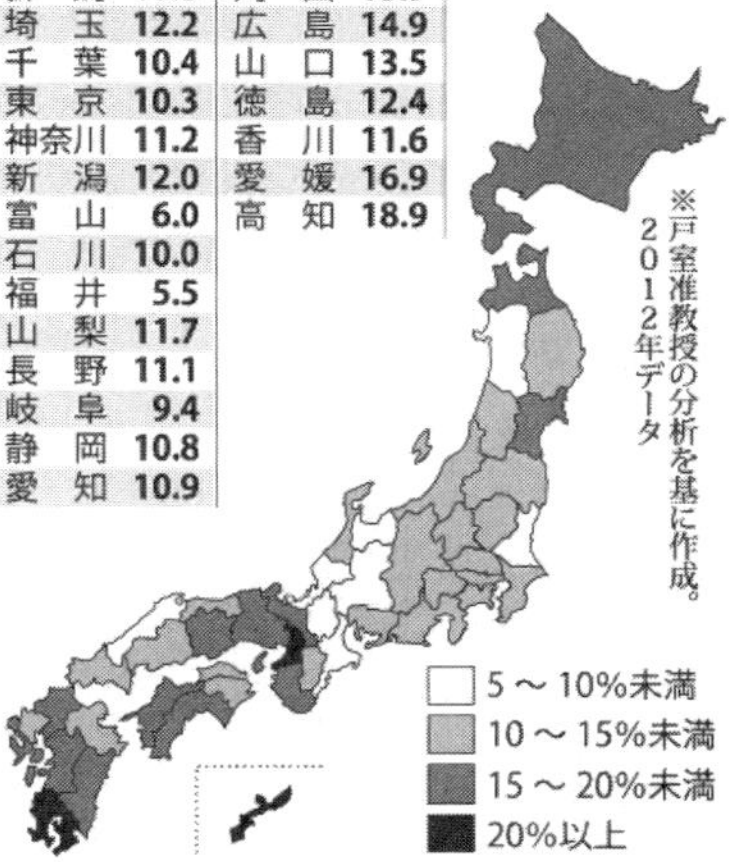

都道府県別の子どもの貧困率（出典：『毎日新聞』2016年２月18日「子育て貧困世帯20年で倍　39都道府県で10％以上」。データ、山形大の戸室健作准教授［現・千葉商科大学専任講師］）

活動を進めていく中で「やっぱりそうか」と思ったのは、「お坊さんもたまにはいいことをするな」という声をたくさん聞いたこと。お寺や僧侶に対する社会の期待値が相当に低いことを改めて実感した。ただ、その反面、お寺や僧侶に期待を持ってくれている人も少なくはないとも思った。私たちの活動は、檀信徒がお寺、仏さま、ご先祖さまにお供えものを上げてくださるからこそ成り立っている。そこには仏教が説く慈悲の実践がなされなければならない。おてらおやつクラブの活動の輪が広がっているということは、信仰の場としてのお寺の力がまだ全国に残っているということでもある。

人々が仏さまへの「おそなえ」をこれからもしてくれる場所であり続けるよう、お寺という場所を守っていくということ。昔から多くのお坊さんが、そして多くの人々が行ってきた仏の慈悲の実践活動、仏さまへの信仰の心を相続していくことが、「おてらおやつクラブ」の活動エンジンであり、それが貧困問題解決のための一助となる。

†おすそわけを受け取ったお母さんからの声

日本の子どもの七人に一人が貧困状態にある。しかし統計的にまとめてしまうと現場の様子がなかなか見えてこず、実感を持ちづらい問題でもある。全国のお母さんたちがその日常の様子を伝えてくれている。

「発送していただいたおやつを、ありがたく受け取りました。緊張の毎日を過ごす中でお手紙のひとことにほっとしました。ありがとうございます。息子共々、おやつの時間にゆっくりしたひと時を過ごしたいと思います」

「授乳中なので、しっかり食べて赤ちゃんへの栄養にさせていただきます。このような支援があることはとてもありがたく嬉しいです。シングルマザーでも支えてくださる方々がいると思うと心強いです。本当にありがとうございます。いろいろな不安はあるけれど頑張りたいと思います」

「こうやって支援していただけると、自分は一人ではないんだな、と実感することができます。こうなっていなかったら、まだまだ不安な毎日だったと思います。本当にありがとうございました」

†お寺だからこそできること

あるお母さんはお手紙に「宅急便が来ると、息子と娘が「お寺からかな？」とワクワク待っています」と書いて送ってくれた。始まったばかりの活動だが、支援団体を通じて毎月おおよそ九〇〇〇人ほどの子どもたちが、全国のお寺から届く「おすそわけ」を楽しみにしてくれている。

仏教寺院、お坊さんにしかできないことは何か？　活動を通じて日々考え続けていることだがひとつ答えがある。仏さまの助けをもとにした「仏助《ぶつじょ》」だ。仏教はお釈迦さまが説かれた教えであるが、そこには様々な仏菩薩の存在が示され、人間を超えた存在である仏さまに我々は見守られている。お母さんたちから日々たくさんのメッセージが届くが、多くのお母さんたちに共通する言葉がある。「見守られていることがありがたい」ということだ。

見守ってくれている存在のありがたさは、我々お坊さんがご縁のある方々に説いていることそのものである。目には見えないが我々のことを見守ってくれている仏さまやご先祖さまの存在に感じるありがたさでもある。お寺を孤立解消の拠点とすることで物理的にも精神的にもつながり、見守りを実践するネットワークでありたい。直接顔は見えないけれども、見守ってくれる存在のありがたさを、我々自身も信仰を深めていくきっかけにしている。

貧困問題は、経済的に困窮する「貧」と、「孤立」状態で「困」りごとを解決する第一歩を踏み出せない二つの要素から構成される。経済的な支援は生活保護や貸付制度などが充実しているが、孤立状態から抜け出すことが難しい。そんな中、会ったこともないお寺のお坊さんや思いを寄せる人々からの「おすそわけ」が届くことで、自分たちのことを考えてくれている存在を感じることが「孤立」解消の一助となっている実感がある。「見守ってくれる存在のありがたさ」は我々僧侶が日々縁ある人々に説いている仏さまやご先祖さまの存在でもあり、そのことをお母さんたちの言葉から改めて教えていただいているのである。僧侶自身が自らの信仰を深めていくきっかけをこの活動を通じていただいているということなのである。

†直接支援のスタート

先述した通り、おてらおやつクラブは「後方支援」に徹するのが基本である。しかしながら支援の輪が広がるにつれて、直接お母さん方から「助けて」という声が届くようになった。


「離婚して引っ越してきましたが、知り合いもおらず、いろいろ相談したいです」

「子ども二人のシングルマザーです。養育費は一切貰っていないので、生活が厳しいです。おやつなど送っていただけたら助かります」

「DVによって離婚し、現在五人の子どもを育てるシングルマザーです。体調があまりよくないので働きに出ることもできませんが、子どもたちも食べ盛りなので食費がどうしてもかかってしまい、とても辛い状況です。特に子どものおやつにはなかなか予算を回せません。校外学習などおやつの必要な学校行事もあるので、援助をお願いしたいです」
「助成金のこと、無料の塾のことなど、本当に欲しい情報が入ってきません。教えていただけないでしょうか？」

立ち上げ当初は登録団体も少なく、十分な支援が難しいことも多かった。しかし四年経った今、問い合わせがあったお母さんたちのほとんどに専門性を持つ支援団体を紹介できている。一方でそれが難しい場合も発生する。例えば近くに支援団体がなく頼れない。仕事を掛け持ちしていて相談に行く時間がない。体調が優れず家から出られない。そういった状況はお母さんたちをますます孤立させてしまう。そこで支援団体に頼らず事務局が直接的に支援していく必要性が出てきたのだ。この支援体制を私たちは「直接支援」と呼んでいる。

社会問題解決のための社会福祉の仕組みに自助・共助・公助からなる「三助」がある。「自助」とは、自分の身を自分の努力によって守ること。「共助」とは、身近な人たちがお互いに助け合うこと。「公助」とは、国や県などの行政機関による救助・援助のことだ。

しかし、ひとり親のお母さんたちにとっては家族の支えが弱く、「自助」自体が難しい。自分がひとり親であることを打ち明けられない、またレッテルを貼られるのが嫌だ、そのような状態では「共助」も望めない。生活保護を受けることの難しさ、恥ずかしさから手続きに行けない、また窓口に知り合いがいて申請しづらい、などの場合は「公助」が難しくなる。

どんな制度や助成についても条件を満たすことができず、取り残されてしまう状況が少なくない。そこで私たち「おてらおやつクラブ」は、「仏助」を掲げて対応していくことにした。それが「直接支援」である。「仏助」とは、仏さまが私たちを見捨てず救ってくださるように、わたしたちも「三助」から漏れ落ちる人たちの受け皿となり、見守りながら「三助」に戻していくことだ。

おてらおやつクラブが「直接支援」で大切にしていることは、相談してくださった方を、「伴走して見守る」ということだ。離れていて顔が見えなくても近くにいるように寄り添い、いつでも相談窓口として門戸を開いておく。顔が見える支援は関係性が築きやすい反面、本音を言いづらいことがあると話してくれた人がいる。私たちが実践しているメールを主とした顔が見えない直接支援は、お母さんたちが何でも打ち明けやすい利点がある。はじめは「おすそわけ希望」のメールだけだったのが、連絡がまめになり、回を重ねるご

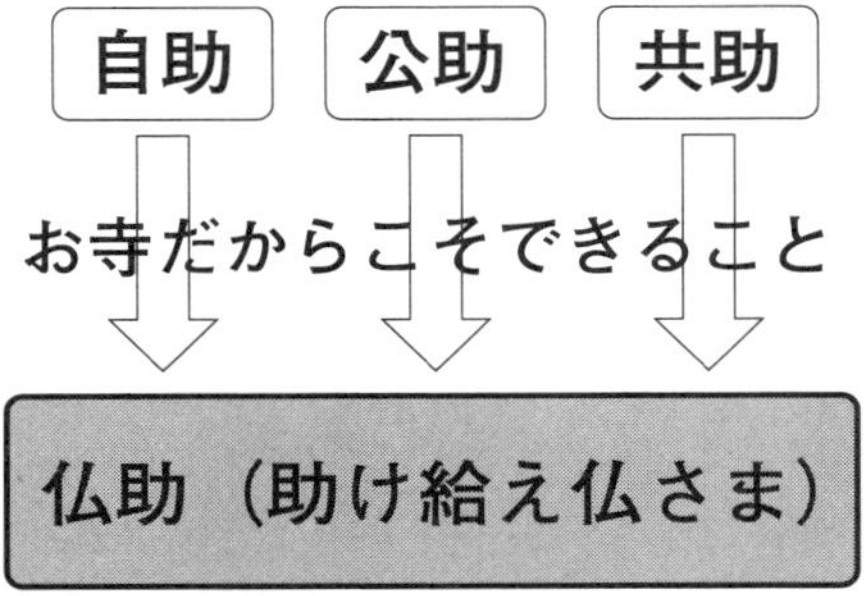

自助・公助・共助と仏助

とに日々の生活の苦しさや今起きていることを話してくれるようになったり、日々大変だけれども子どもたちと楽しむ様子、子どもたちの先々を思いやる前向きな内容を伝えてくれたりもする。

おてらおやつクラブはいつでも日々の苦しみや相談を受け、お母さんたちが今伝えたいことに耳を傾ける。またそれだけでなく、前向きになってくれた気持ちをもっと後押しできるように、誕生日カードをお送りしたり、季節のイベントのおやつを発送したりすることもある。メールのやりとりを積み重ねていくことで、お母さんたちの心と事務局の心がつながるよう取り組んでいる。

今現在、おてらおやつクラブでは約一二〇世帯の家庭に定期的に「おすそわけ」を届けている。お母さんが社会から孤立しないように、仏さまの御心《みこころ》のごとく、「仏助」を持って寄り添い見守っていく。目には見えぬとも大きな支えとなり、既存のセーフティネットからこぼれ落ちる人々を救いとる新しい支援ネットワークになっていくことを「おてらおやつクラブ」は目指している。

参加寺院からの声

支援ネットワークを支えているのは活動趣旨に賛同し、お力添えいただく全国のお寺だ。ひとつのお寺では小さな力でしかないけれど、集まることで大きな力になる。参加寺院の声を紹介しよう。

「今回も多くのおすそわけが集まりました。お米五キロをキャリーバッグに入れて遠くからご持参いただいたご年配の方。子どものおやつを一つずつとっておいて持参してくれたお母さん。皆さんの優しい気持ちが入った段ボールとなりました。今日は、地域の子育て支援をしている団体の方が、どのように発送しているのかどんなものが集まっているのかを知りたいということで、箱詰めにもご協力いただきました。こうやって少しずつおすそわけの輪が広がり、大変なご家庭にその気持ちも一緒に届いてくれたらいいなぁと思います」

「これまでお菓子を送るばかりで、食べた後のことを考えていなかったのですが、今回は歯ブラシを同封してみました。支援を必要としている方が今この瞬間も生き、またこれからもずっと続く日々の中で、身も心も健康であるように考えてできることをしたいと思います」

4　おてらおやつクラブからのひろがり

†日常の活動から震災支援も

お寺にあるお供えを必要なところに届ける活動を日常的にしていると、いざという時に役に立つ。二〇一六年、熊本地震が起こった。まもなく、賛同寺院から被災地に何かできることはないか？　と問い合わせが届き始める。事務局で熊本、九州の賛同寺院の被災状況を確認、その流れから九州の参加寺院を中心に被災地支援としておすそわけを発送した。地震発生後すぐは災害援助物資が必要とされるが、混乱が落ち着き始めるころには「おやつ」が一息入れるのに役立った。

備えあれば憂いなしというが、その時に備えるということはなかなか難しいものだ。日常的にお供えを送るフローが確立されているおてらおやつクラブの活動が期せずして、有事の際の素早い動きにつながり、また全国のお寺からもたくさんの応援をいただけた。日常の活きたネットワークが緊急時、有事に役に立つということを改めて認識した出来事でもあった。おてらおやつクラブの活動に参加することでそのことを実感するお寺も多い。そして同時に地域でつながる関係の大切さも実感している。

†笑顔を送るおてらおやつ劇場

おやつではなく笑顔を送る。おてらおやつクラブの新たな試みが「おてらおやつ劇場」である。ご縁のある寺院や支援団体を会場に、メインアクターの山添真寛《やまぞえしんかん》が、人形劇や紙芝居を上演している。山添は滋賀県甲賀市のお寺出身のお坊さんである。二〇代前半に僧籍を取得後単身上京し、劇団に所属。滋賀県に帰郷後、人形劇と紙芝居の上演を開始。お寺や幼稚園、保育園などで年間一〇〇ステージをこなすプロの演者だ。一年後に再訪しても子どもたちからすぐに「シンカンさん！」と声をかけられるほどの人気者。彼の公演はとにかく笑う。みんな笑顔、というレベルではなく大笑いの連続だ。子どもから大人まで、手を叩いて立ち上がって夢中になる。つい最近も児童養護施設で上演した際、施設の先生からこんなお便りをいただいた。

「昨日は素晴らしいお芝居をありがとうございました。二歳から六〇歳まで魂を鷲掴みでした。いつもは斜に構える中高生たちが舞台に釘づけになっている姿を見て、皆に真寛さんのエネルギーに触れてもらえたんだと感じました、職員たちも「楽しかった！」と口々に言っておりました。その夜は幼児さんの部屋からも泣き声が聞こえず、どのフロアも穏やかで柔らかな雰囲気でした」

日常の生活に追われていると、お腹を抱えて笑うことは意外とないものだ。思いっきり笑う、隣の人と楽しさを共有する、その楽しさを思い出す。そんなひと時が子どもの笑顔につながったらいいなと願っている。

†フリーマガジン『てばなす』創刊

おてらおやつクラブの活動は全国に広まっているが、貧困問題が解消に向かっているかというとまだまだなのが現状だ。七人に一人が貧困状態というが、実感を持って生活している人はどれだけいるだろうか。講演に伺った先で「本当にそんな問題があるのか？」といった質問を受けることもある。まだまだ活動の背景にある貧困問題は知られていない。まずはもっと知ってもらう必要がある。そんな想いから二〇一八年七月、フリーマガジン『てばなす』を創刊した。おてらおやつクラブの活動だけでなく、現状や課題を知ってもらうことが重要だ。発行部数は二万部。仏教では執着を「てばなす」ことが悟りを開くための大切な実践という。多くの人がてばなすことを通じて、自分自身の修行だけでなく、貧困問題に当事者として関わるきっかけになればという想いで発行を決めた。

†二〇一八年度グッドデザイン大賞

おてらおやつクラブは二〇一八年度グッドデザイン大賞（主催：公益財団法人日本デザイン振興会）を受賞した。これまでにも仏教界や奈良県内でいくつかの賞（浄土宗平和賞、奈良人権文化選奨、奈良日賞、中外日報涙骨賞）をいただいていたが、グッドデザイン賞のように社会的に認知度の高い指標でこの活動を評価してもらえたことは大きな成果といえる。以下、本賞審査委員のコメントを紹介しよ

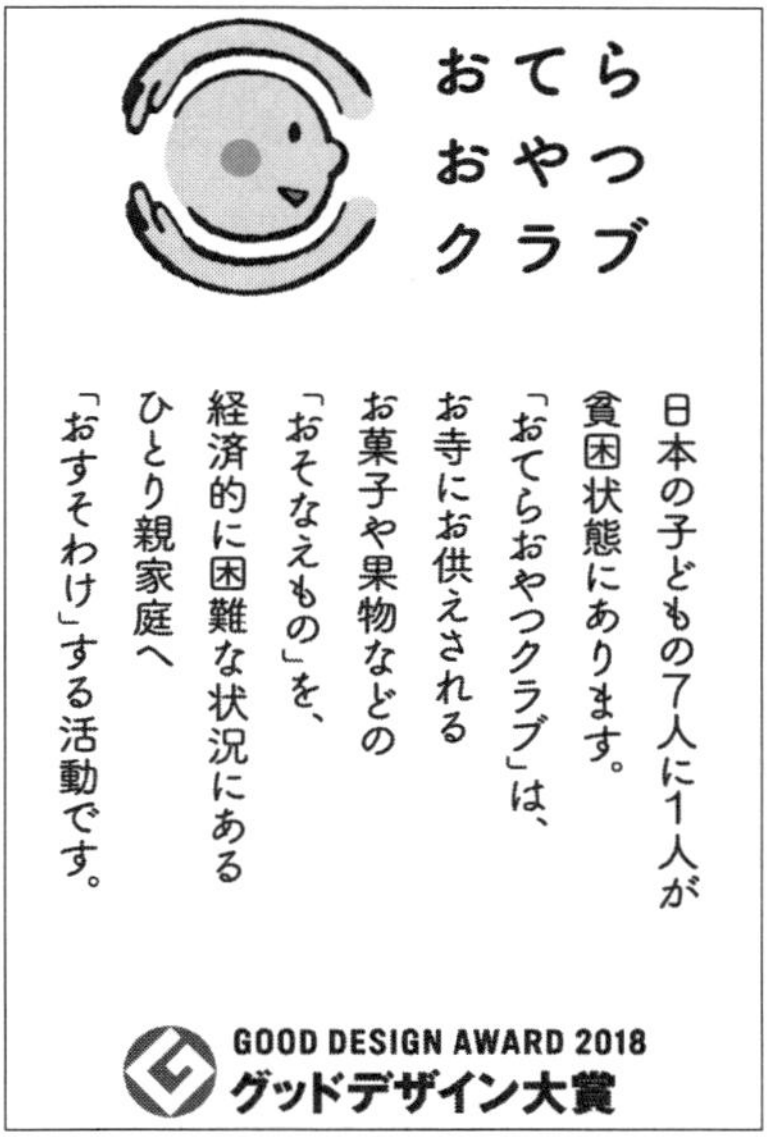
おてら
おやつ
クラブ
日本の子どもの7人に1人が
貧困状態にあります。
「おてらおやつクラブ」は、
お寺にお供えされる
お菓子や果物などの
「おそなえもの」を、
経済的に困難な状況にある
ひとり親家庭へ
「おすそわけ」する活動です。
GOOD DESIGN AWARD 2018
グッドデザイン大賞
活動リーフレットで貧困問題を啓発

う。

「従来、寺院が地域社会で行ってきた営みを現代的な仕組みとしてデザインし直し、寺院の「ある」と社会の「ない」を無理なくつなげる優れた取り組み。地域内で寺院と支援団体を結んでいるため、身近な地域に支えられているという安心感にもつながるだろう。それができるのは、寺院が各地域にくまなく分布するある種のインフラだからだ。全国八〇〇以上の寺院が参加する広がりも評価ポイントのひとつであった。活動の意義とともに、既存の組織・人・もの・習慣をつなぎ直すだけで機能する仕組みの美しさが高く評価された」（二〇一八年九月時点での活動に対するコメント）

コメントにもあるように、おてらおやつクラブはゼロからつくりあげた取り組みではない。数百年単位で続く、地域に根ざしたお寺というネットワークを活かし、人と社会をつないでいくのが役割だ。お寺や仏教が遠い存在と言われる今、新しい形のつながりを提案することでお寺本来の役割が大きな力となることだろう。そしてこの度の受賞によって、多くの人が活動の背景にある「貧困問題」に関心を持ち、当事者としてこの問題に関わる機会となればと願っている。

「おてらおやつクラブ」が超宗派の活動であることに驚きと賞賛をいただくことが多い。しかし決して宗派を超えることを目指していたわけではない。貧困問題を解決する、という課題を中心に置いて活動を進めてきた結果、その課題に興味関心、そして行動を起こしたい人々が集まってきたということである。結果的に宗派を超える広がりを見せているが、関わるそれぞれが、それぞれの宗派の信仰を持ち、それぞれが信じる仏道を歩んでいることがこの活動の源泉であり強さなのであろう。

＊

最後に、ある男の子からいただいたメッセージを紹介する。「お坊さんへ。和菓子はもういいので、ポテトチップスをください」。いろいろなことを我慢していた男の子がようやく子どもらしい姿を見せてくれたことが微笑ましかった。子どもたちの笑顔が増え、お母さんたちの笑顔が増えるよう、活動を続けていく。

第三章　アイドルとともに歩む――ナムい世界をつくろう

池口龍法

1　浄土系アイドルの誕生

†お寺×アイドル⁉

常識からすれば、「お坊さん」から連想される言葉は「修行」「坐禅」「念仏」などだろう。また、「お寺」から連想されるのは「葬式」「お墓」「供養」などだろう。

そのようなイメージを覆すのが本書の役割かもしれないが、私が住職を務める龍岸寺は従来のお寺像をあまりに逸脱している。本章のタイトルが示す通りであるが、インターネット検索エンジンで「龍岸寺」と入力した時に、連想される言葉として真っ先に提示されるのは「アイドル」なのである。

なぜか。

それは、龍岸寺が、アイドルプロデュース事業を行っている唯一無二のお寺だからである。

お寺でアイドル。

そう聞いて、皆様はどう思われるだろうか。

「破廉恥な！」と顔をしかめる人もいるだろう。

「こんなお寺、待ってました！」と惚れこんでくれる人もいるだろう。

浄土系アイドル「てら＊ぱるむす」

実際、メディアからの評価も二分されている。新聞社のような社会性の強いメディアの記者は、「お寺×アイドル」というテーマを単なる「エンタメ」として扱い、まるで興味を示さないことも多い。その一方で、こうした大衆的な取り組みこそ「社会性が強い」と評価し、ライブイベントに足を運んで取材したうえにTシャツなどのグッズを購入して応援してくださる方もいる。

これは不思議な現象である。私が初めてメディアの注目を浴びたのは、二〇〇九年に超宗派の若手僧侶とフリーペーパー『フリースタイルな僧侶たち』を創刊した時である。このような個人の僧侶としての取り組みだけでなく、京都市下京区にある龍岸寺の住職として、また時には浄土宗総本山の知恩院《ちおんいん》の企画広報担当としても、数々の事業に取り組み、そのたびにメディアの方々と接してきた。最近の一例であれば、お坊さん五人がジャンプしているビジュアルや、「#ナムい」というハッシュタグによって、さんざん話題を集めた「知恩院秋のライトアップ二〇一八」にも関わっていた。

『フリースタイルな僧侶たち』を創刊した時はメディアから取材を受けるのが初めてだったのでともかくとして、慣れてくればメディアに報道され世間の注目を集めそうな試みは、およそ察しがつく。あまりに迎合的になるのもよくないけれども、とことん話題を創出して世間からの宗教への関心を高めていくのも、お坊さんとして大切な仕事だと認識して、もろもろの企画広報に携わってきた。

　そのようなキャリアを踏まえたうえで率直な感想として言うが、「お寺×アイドル」ほど評価がくっきりと二分されたのは初めてなのである。果たしてこれは、宗教をおもちゃにしたような通俗的なお遊びなのか、はたまた、宗教をつきつめていく方便なのか。

　もちろん私としては、本書の他の執筆陣の方々と一緒にお寺の公益性を問う取り組みとして、「お寺×アイドル」は肩を並べても恥ずかしくないと認識している。せっかく執筆のご縁をいただいたので、拙稿によって「お寺×アイドル」プロデュースに取り組んでいることの真意を明かすとともに、その背後にある私なりの宗教観も伝えたいと思う。そうすれば、私の試みを食わず嫌い的に嫌っている人の誤解もいくらか晴らせるのではないか、と期待している。

†本堂に顕現するまで

さて、お寺アイドル誕生のきっかけに話を移そう。

龍岸寺は、京都駅から西に一キロほどのところにある（お寺の由緒などは後述）。梅小路公園や京都水族館のすぐそばにある、といえばおよその位置がわかる人も多いだろう。

この龍岸寺を舞台に、二〇一五年から毎秋、「十夜祭」（二〇一五〜二〇一七年）または「超十夜祭」（二〇一八年）という「念仏体験を中心としたアートフェス」を行っている。このフェスは、天台宗、浄土宗、時宗など、念仏を重んじる教団で古くから行われる仏教行事「十夜」を現代的にリメイクしたもので、運営の中心は大学生、特に美術系の大学生が担ってきた。数多くの大学がある学生の町・京都らしいコラボレーションである。なお、十夜祭は数カ寺が合同で行うのに対し、超十夜祭は龍岸寺が十夜祭の枠組みから外れて独自で開催している（十夜祭および超十夜祭の詳細については、字数の都合上、ネット検索して情報を補っていただくようにお願いしたい)。

二〇一六年の十夜祭を数カ月後にひかえた、夏前ぐらいのことである。

今年度のコンテンツをどうするかについて、お寺を訪ねてきた学生たちとミーティングを重ねていた。そんな時、ある女子大生が、「アイドル作りたい」と言った。即座に「おもろいやん」と私は返した。この他愛ない会話のキャッチボールがすべての始まりである。ミーティングを重ねるたびに、話はどんどん盛り上がった。学生たちは知人を通じて歌って踊ってくれる女の子を探し、衣装もすべて学生たちが制作し、歌や振り付けもなんとか間に合わせ、浄土系アイドル「てら*ぱるむす」が十夜祭(十一月五日~七日)に顕現した。

「てら*ぱるむす」の「てら」は、「寺」であり一兆を表す数の単位「テラ」。また「ぱるむす」は「てのひら」を表す英語「palms」に由来する。七〇億人を超える人類をはじめ無数の生命体が暮らすこの地球上で、命あるものがいがみ合っても暮らしにくいだけである。お

龍岸寺の外観

デビュー公演（十夜祭2016）

寺でてのひらを合わせて合掌するところから、暮らしやすい世界を願っていくというのが、「てら＊ぱるむす」というアイドル名に込められた願いである。

　初期のメンバーは「観月花音《みづきかのん》」「早勢至帆《はやせしほ》」「文殊《もんじゅ》たま」「普賢《ふげん》あまね」「弥勒《みろく》ミライ」の五人。文字を見ればわかるように、それぞれ、観音菩薩《かんのんぼさつ》、勢至菩薩《せいしぼさつ》、文殊菩薩《もんじゅぼさつ》、普賢菩薩《ふげんぼさつ》、弥勒菩薩《みろくぼさつ》の化身であり、浄土からこの娑婆《しゃば》世界にやってきて、衆生《しゅじょう》とともに修行している。

　アイドル名やメンバーの名前を決める際には、基本的に学生たちですべて考えてくれている。「それぞれの菩薩のエピソードを教えてほしい」「五人の色はどうしたらいいですか」などと相談を受けることはあったが、私の関わり方はあくまでアドバイザー的な形である。例外なのは、デビュー曲「ニルバーナ恋バーナ」の作詞を私が担当したことだろうか。メンバーたちで作詞した二曲目以降も仏教をベースにした歌詞になっているが、デビュー曲のほうが仏教の香りがより強く漂う。歌詞の中に盛り込まれた「西方浄土《さいほうじょうど》」「サイコー浄土」というコールをヲタクたちが叫ぶのは、浄土系アイドルならではの光景だろう。

†「おもろい」を求めて

この「てら＊ぱるむす」、本人たちもスタッフも、そして私も、仏教を茶化すつもりはまったくない。お寺文化をいかにわかりやすく伝えるかをベースに、趣向を凝らして活動を展開している。しかし、これがどうもうまく理解されず、報道されれば報道されるほどに炎上を繰り返す。その炎上ぶりはなかなかひどく、デビュー前からヤフーのトップニュースになり、ステージを見た人は誰もいないにもかかわらず、「罰当たりだ」「またお寺がカネもうけ」「うちのお寺でなくてよかった」などと、批判的なコメントが五〇〇件以上も寄せられたほどだった。

関わっている全員が一生懸命に運営しているにも関わらず、事実として炎上してしまう以上は、いわゆる世間の常識からすれば、女子大生の「アイドル作りたい」も、住職の「おもろいやん」も、あり得ない発言だと認めざるを得ない。「アイドル作りたい」と言われたら、「お寺でアイドルなんて……」と顔をしかめるのが、まっとうな住職の相場なのだろう。

それをなぜ、まったく正反対の態度で歓迎したのか。

答えを明かす前に、あらかじめ誤解を解いておきたい。往々にして、私はアイドルヲタクだと思われている。ヲタクが高じて、プロデュースにまで手を出したのだと。しかし、これはまったくの見当違いである。私は基本的にアイドルの現場には行かない。お寺でアイドルプロデュースに携わるにあたって、あまりに無知な私は初心者向けのガイドブックみたいなものを読んで勉強し、奥深い世界を初めて知った。そこには確かにアイドルとヲタクがともに成長し合うという、美しい風景があった。だが、その風景を見てアイドルにハマったということもない。

では、なぜなのか。

お寺を中心に経済圏・文化圏を構築したい、という願いについては本章の最後に述べるが、それを特に「おもろいやん」という切り口で展開している背景は、私が生まれ育った町の事情が大きく絡んでいると思う。

大学院を中退するまで二四年間、住んでいたのは兵庫県尼崎市である。今でこそ、関西でいちばん住みやすい町と言われる尼崎だが、三〇年前は工場の町、ヤンキーの町、競馬・競輪・競艇の町というネガティブでダーティーなイメージがつきまとっていた。私の生家も浄土宗のお寺だが、門を出てすぐのところに日雇い労働者の工場があり、お金がなくなるとお寺に物乞いに来たものだった。

その尼崎で育ったお笑いコンビが、ダウンタウンである。颯爽とテレビに登場し、尼崎という町を時おりネタにして、全国のお茶の間に笑いを届ける――その光景を見ると、荒野から文化が芽生えたような感覚があり、興奮と感動を覚えたものだった。小学校高学年から中学校の多感な時期に、毎週楽しみにしていた番組は『ダウンタウンのごっつええ感じ』だったのを思い出す。

しっかりとしたオチがなければ「それで、オチは?」と蔑まれるのが関西、特に大阪の文化だとよく言われるが、私の周辺もやはり例に漏れずそうだった。どんな話をするにしても、おもろいことはすなわち正義だった。宿題を怠ったり、忘れ物をしたりして先生に怒られた時でも、とっさの一言で笑いを取れば「見逃してやるか」という雰囲気があった。話術によって日常を面白くしていくというのは、私が幼いころから叩き込まれた処世術なのである。

†多くの想いを胸に

だから、私が「おもろいやん」と返すのは、アイドルプロデュースだけではない。

お寺の固定電話やホームページの問い合わせフォームから、日々いろんな要望が届く。その内容はというと、お茶会をやりたいというオーソドックスなものもあれば、音楽ライブをさせてほしいという相談もあるし、YouTuberのオフ会をやりたいというような奇抜なものもある。

メッセージが届けば、ひとつひとつに目を通す。「Webに広告を出して檀信徒《だんしんと》を増やしませんか」といったカネもうけ的なにおいを感じるメッセージはまったくつまらないからスルーするけれど、キラッと光るものがあればこれを逃すまいと返事を書く。丁寧に対応すると、私がびっくりするほどに喜んでもらえる。なぜかというと、お寺のような厳かな世界に斬新な提案をもち込むこと自体に、半端ないプレッシャーがかかっているからである、というのが一つ。そしてもう一つは、「三〇件ぐらい問い合わせを送ってもすべて黙殺された」という愚痴を聞いたことがあるが、大抵のお寺は法事や葬儀の相談以外を放置しているからである。

したがって、私の前にあらわれる提案は、プレッシャーを一生懸命に跳ねのけて紡がれた言葉だろう。そうであれば、どんな提案もむげにしてはいけない。むしろ、その提案の背景にある想いを汲み取って形にしていくことが、住職たるものの役目だろう。

それでも、お寺の本務が法事や葬式をはじめとした檀信徒への先祖供養だとストイックに考える人もいるに違いない。実際、お寺の運営に伴う費用のほとんどは、檀信徒の法事や葬式を務めた時の布施収入でまかなわれている。法事や葬式を厳かに行うことに集中するため、他の雑多な提案は断るかあるいはスルーするべきだという理屈もわからないではない。しかし、私に言わせれば、お寺に提案を持ってくる人の多くは、無数の人々を送ってきたお寺の在り方を否定するつもりはない。むしろ、そういう場としての魅力を感じるから、由緒あるお寺で音楽ライブなどをやりたいのである。

龍岸寺の堂内

私としても、伝統や慣例をいたずらに否定するつもりもなく、現代の感覚といかに融合させ両立させるか、という課題に真摯に向き合いたい。

私が住職をする龍岸寺は、京都の下京区にある。江戸時代初期、一六一六（元和二）年に開山されている。徳川家康に仕えた安井三哲《さんてつ》（算哲）という碁打ちが大坂の陣の後、京都に入った。この安井三哲が龍岸寺の初代であり、お寺の前の通りも以前は三哲通と呼ばれた。現在の伽藍《がらん》は屋敷跡が整備されてできたものである。

開山からおよそ四〇〇年、お寺は脈々と受け継がれ、そして、先代住職だった伯父から跡を継いで私が第二四世となったのが、二〇一四年の六月である。住職になれば、檀信徒の先祖供養にもよりいっそう精を出さなければならないし、寄せられる斬新な提案の数々にも向き合わなければならない。しかも、よりにもよって龍岸寺は伝統を重んじる京都にある。京都のお寺のほとんどは、新しいものを抵抗なく受け入れる気配がない。しかし、京都のお寺に対しては世界中から関心が集まっている。

お寺の内部事情と外側からのニーズをいかにして架橋するか。決して簡単な話ではないが、「おもろい教」の圏内で生きてきた私は、厳しい現実を楽しいものにしたいと思ってかえって張り切ってしまう。つまり、先祖供養の場、信仰の場としてのお寺の役割をますます高めつつ、最先端の文化とも共存していく——そういうお寺づくりを私はやろうとしてきたのであり、その最も典型的な例が「お寺×アイドル」の試みだということになる。

2　閉ざされた心の扉を開く

†お寺に活気をもたらす工夫

檀信徒に限定せずあらゆる人々をお寺に受け入れることをよく「お寺を開く」という。そして、「お寺を開く」際には、音楽ライブやヨガなどが合わせて実施される。そういう取り組みがないと、いくら門を開いてもお寺には入りにくいということもあるが、本堂の広い畳の空間はライブやヨガの会場として極めて都合が良いのも大きな理由である。

確かに、お寺の本堂は、数十人規模の音楽ライブやヨガ教室に最適であり、使わずにおくのはもったいない。とはいえ、お寺の広い空間がいかに魅力的に見えたとしても、ライブハウスやヨガスタジオおよびその他の施設と比べた時、音響設備、照明設備、空調設備、Ｗｉ－Ｆｉ環境などにおいて、どうしても見劣りする。龍岸寺の本堂の場合、三三〇年以上も前に建てられているから、一気に現代化するのは不可能である。だから、私が住職を継いだころなどは、下見に来るまでは心躍らせていても、いざ本堂に入ってみると音楽ライブやヨガ教室などの場として使うのが難しく落胆されるケースがあった。

落胆した表情を見るのは、悔しいものである。なんとかして、多目的に使える空間にしていきたい。住職としての日々は、お堂を眺めながら知恵のかぎりをつくす毎日だった。

私の場合、ありがたいことに、時の運もあった。龍岸寺は、奇しくも私が住職を継いで二年後の二〇一六年が、開創四〇〇周年の節目だった。檀信徒に協力をお願いして記念事業を行うにあたって、瓦屋根の葺き替えなどと合わせて、もろもろの設備投資を行った。その際には、先祖供養などの法要儀式が行いやすい環境を整備するだけにとどまらず、多くの人々にお寺が使われていくための方法を徹底的に模索した。

例えば、本堂をいかに居心地よくするか。いまどき空調機器と椅子は、本堂の必需品である。これらを導入したおかげで、夏場の法事も快適になり、行事の受け入れもしやすくなった。ただし、椅子に関しては、本堂の荘厳さに合うような椅子が見つからなかったので、美術系大学の学生に頼んでオーダーメイドで作ってもらった。

老朽化していた音響機器も一新した。マイクやスピーカーなどを買い替えるついでにグラフィックイコライザーやエフェクターも設置したので、障子やふすまが多くデッドな本堂の環境でも、残響を持たせることができるようになった。

照明器具も、ＬＥＤ化する際に、全体の光量を上げて本堂を明るい空間にした他、天井にライティングダクトを取り付け、スポットライトの場所や向きを自由に調整できる仕組みにした。これによって、法要儀式の時に住職に集中してライトを当てることもできるし、ライブイベントにおけるステージの演出も行いやすくなった。

Ｗｉ－Ｆｉ環境の構築に関しては、私が東日本大震災をはじめとした天災地変の被災地を訪ねた際に、今や食料だけでなくネット環境も生活必需品だと気づいたことが動機である。お寺も被災者を受け入れる場になる可能性があるから、本堂にもフリーＷｉ－Ｆｉを飛ばしておきたかった。このフリーＷｉ－Ｆｉのおかげでネット中継も気軽に行えるようになったし、お寺でイベントを行った時には、ＳＮＳ上に話題が出ていきやすくなった。

いま龍岸寺を訪ねてきた人は、これらの設備を見るなり、感動の声をあげる。お寺の可能性を感じて、どんどん提案を出してくれる。檀信徒の方々も、お寺でお葬式をあげられるケースが増えたし、法事の後、座敷で食事をされる方も増えた。お寺の変わっていくスピードがあまりに速いので、「来るたびに変わっている」と戸惑いの声を聴くこともあるけれど、批判的ではなく「お寺に活気が出てきましたね」と喜んでくださっている。

お寺でお葬式

†あらゆる人々が関われる場へ

「よくもこれだけ設備投資しますね」としばしば驚かれる。私自身、わずか四年でここまで設備投資するつもりはなかったし、また設備投資ができる力があるとも思っていなかった。

お寺の設備を充実させて活性化させようにも、住職ひとりではなにもできない。住職はお寺の法要儀式については詳しいけれども、音響や照明に関しては素人である。最新の状況についてまるで知識がない。ましてや、お寺の本堂はひとつひとつ構造が違う。一〇〇の本堂があれば、一〇〇通りの正解があるのである。照明の当て方なども、一つずつ試行錯誤しながらしか進まない。空調にしても、天井が高くしかも障子やふすまの隙間から風が吹き込む古い木造建築では、カタログ記載の数値などまるであてにならない。しかも、このような正解の見えない挑戦の連続でありながら、設備投資にかかる費用は檀信徒から預かったお布施で支払うので、極力失敗を避けなければ申し訳が立たない。

したがって、お寺づくりというのは、チェーン展開しているようなファストフード店やコンビニエンスストアなどの運営とはまるで対極にある。マニュアルなどほとんどなく、本堂の構造、お寺の歴史、地域コミュニティとの付き合いなどをふまえたうえで、細やかな配慮に基づいて作り上げていかなければいけない。

これはやりがいのある仕事だが、きわめて困難でもある。スタッフの力が充実していなければ絶対に無理である。そして、スタッフを集めるには、住職が総代や檀信徒に対しても、関わってくれるスタッフに対しても、しっかりとした心意気を示すことが不可欠である。

私は総代会などでも「新しい人たちにどんどん関わってほしい」と物怖じせずに言う。アイドル活動を受け入れている背景についても伝える。住職がきちんと想いを伝え、そして、総代や檀信徒にも迷惑をかけないようにすれば、多くの方々が協力してくれる。核家族が当たり前の時代だから、次の世代に積極的にお寺文化を受けわたしていく必要があることぐらい、誰しもわかっているからである。

そして、新しい提案を持ってくる人たちにもしっかりと向き合う。「おもろい」と思うものには率直に「おもろい」と言う。その結果、冒頭に書いた浄土系アイドル含め、多くの若い世代がお寺に関わってくれるようになった。アイドルたちはライブ活動の時だけお寺に関わるのではなく、練習やミーティングの前後には本堂で手を合わせるし、法要にもきっちりとお参りしている。法要の時には山門の幕も張ってくれるし、年末の大掃除なども手伝ってくれるから、非常に助かっている。

大掃除の様子

私が号令をかけたとはいえ、関わってくれているスタッフが魅力ある本堂にしたいと願って、ほとんどボランティアで協力してくれたから、短期間で知恵が結集され、類を見ない本堂に整備されてきた。このことは実に誇らしく思うのである。

†宗教臭さを保ちながらお寺を開く

ライブイベントなどに参加してくれた人が、「龍岸寺は宗教色が濃い」と言ってくださる時があるが、私はこの評価が好きである。いまや、浄土系アイドルたちも、関わってくれる他のアーティストの方々も、龍岸寺を特別な宗教空間として認め、敬ってライブを行ってくれるようになったと感じている。

「お寺を開く」時に、宗教色を薄くして、どんな信仰の人も来やすいようにするケースが多い。しかし、宗教色を薄くしたら、宗教の魅力なんて伝わるはずがない。

宗教の魅力を感じてもらうためには、より宗教色を濃くする方が正解だと私は思っている。とはいえ、これは他人に信仰を強制するということではない。私は、お寺に来る人に対して、手の合わせ方を教えたりはするけれども、例えばライブイベントで会場提供する場合に、法話や法要などをセットにするよう希望したりはしない。いまどきお寺の本堂で時間を過ごすこと自体がレアなのだから、わざわざ私が法話や法要などをしなくとも、足を運んでくれるだけで相当な宗教体験だと思うからである。

それにもかかわらず、龍岸寺の場合、すでに特別な空間になっているせいか、アーティストの方々から法話や法要のニーズが後を絶たない。龍岸寺では、これまで二回、「marble＃marble」というアイドルの名を冠したアイドルフェスを実施している。当初、私としては会場提供ぐらいのつもりだったのだが、「お寺でやるのだから法要をやってもらえないか」と要望され、アイドルフェスなのにオープニングアクトは私の法要というのが慣例になっている。ヲタクの皆さんも冒頭の法要から熱心に参列してくれ、かばんには朱印帳を持参する人も多かった。他にも、福間創《はじめ》さんのライブでは、アンビエント系の音楽と読経とのコラボセッションの提案をいただいた。これもお客さんに喜ばれ、ライブ終了後には「極楽浄土に来た感じがした」などというツイートが相次いだ。

てら＊ぱるむすのヲタクたちも勉強熱心で、オリジナル曲の歌詞に含まれる仏教ゆかりの言葉を一生懸命に理解しようと努めている。歌詞の中には、例えば、「ギャーテーギャーテー」や「為《い》一切《いっさい》世間《せけん》説《せっ》此《し》難信《なんしん》之《し》法《ほう》（一切世間のためにこの難信の法を説く）」など経典の言葉もある。ヲタクたちはこの意味不明な言葉が気になって仕方ないらしく、ネット検索して、前者は『般若心経《はんにゃしんぎょう》』の一節、後者は『阿弥陀経《あみだきょう》』の一節だと知る。そして、コンパクトな『般若心経』はもとより、長文の『阿弥陀経』さえも知って唱えられるようになりたいと願って、経本まで購入する。あるいは、ヲタクたちが朱印帳を購入して、ライブ会場に近い霊場でご朱印をもらいに行ったりもしているという。

また、龍岸寺では、お釈迦さまの教えを味わう時間「釈迦モーニング」を、月一回、日曜日の朝に設けている。これもネーミングは極めてふわっとしているのに、他のイベント同様に宗教色が濃く、そのプログラムはというと念仏あるいは坐禅とガチの仏教講座である。そして、ここにもヲタクたちが学びに来ている。

ヲタクは、お彼岸などの定例法要にも参列する。お寺の法要は、檀信徒の方々の高齢化がいちじるしく、参加できる人が年々減っていた。しかし、このところ、アイドル本人やそのヲタクはじめ、若い世代が参加するようになってくれた。しかも、休憩時間には、檀信徒とヲタクがお茶を飲みながら語り合ったりしている。お寺とは老若男女が分け隔てなく集える場所であるべきだという私の想いが、檀信徒にもヲタクにもきっと浸透しつつあるのだと思う。

†見えないお寺から、見えるお寺へ

一九九五年の地下鉄サリン事件の後、オウム真理教の元信者が「お寺は風景に過ぎなかった」と入信の理由を語ったことが、仏教界に激震を与えた。事件からは二〇年以上が経ったが、「風景」以上のものとしてお寺を認識している人が今どれだけいるのか。はなはだ疑問である。

人間の目は、興味ないものを見ない。耳は、興味ない音を聞かない。

お葬式や法事などでお寺に行ったりお坊さんに出会ったりすることがあっても、若い世代などは末席に鎮座して退屈な時間を過ごすだけである。また、観光寺院などをめぐっても、お坊さんと親しく会話することはまずない。そうすると、二五〇〇年の歴史を持つ仏教の奥行きの深さに出会うことなく、いつしか目を向ける必要のないものだというステレオタイプができあがり、心の扉を閉ざしてしまう。現代のお寺を取り巻く状況は相変わらずそんなところだろう。

しかし、いったん心の扉を開いたら、見える風景はまるで変わる。

例えば、てら＊ぱるむすのメンバーやスタッフは、仏教に視線を向けて活動のコンセプトを考えた結果、「浄土から顕現《けんげん》」した「菩薩の化身」として「娑婆世界で修行する」という仏教的な物語を、由緒ある本堂で紡ぎ始めた。そうしたら、他のアイドルよりも圧倒的にユニークなものになってメディアや世間の注目を集めた。また、「南無阿弥陀仏《なむあみだぶつ》」由来のハッシュタグ「#ナムい」をアイドルたちが語り始めたところ、浄土宗総本山知恩院もこのハッシュタグを使い、バズりにバズった結果、とうとうツイッターのトレンド入りするまでに至った。なお、「ナムい」という言葉に厳密な定義があるわけではないが、ツイッターを見るかぎり、人智を超えたものを目の当たりにして「すごいやん」「おもろいやん」とリスペクトする時に、主として使われている。

つまり、当たり前の話なのだが、多くの叡智が結集されてきた仏教や、文化の粋が蓄積されてきたお寺は、うまく現代と融合された時には、きわめて魅力的なものになる。いったん魅力的なものとして視界に入ってしまうと、そこにどんどん深入りしてしまう。アイドルヲタクが経本や朱印帳を買い、お寺めぐりをしているのが、まさにその一例である。

心の扉を開くには、住職である私の価値観を押しつけるのではなく、関わっている人たちが、主体的になって頭を働かせ体を動かしてもらうほうがいい。学生の提案を「おもろいやん」と返したところからスタートしたアイドルプロジェクトもまた、このような試みの一つであった。それまでお寺と縁のなかった学生にしてみれば、「お寺×アイドル」にゴーサインが出て、「お寺で何ができるか」を真剣に考えた時、文化の宝庫たる仏教の風景が初めて目に入ってきたのだろう。

学生たちへの仏教講座

3　目指しゆく未来について

†無我の思想が導くもの

いろいろと書いてきたが、最後に、私の仏教観に影響を与えた一つの論考に触れたい。それは、仏教学者の故梶山雄一氏によるものである。以下はその一節である。

一般に人は、自己を中心としてその周囲に他人や動植物や自然を従えた円周として生きている。世界とは、人間の数だけあるこのような円周の総体である。しかし、そのような自己中心的なあるいは、人間中心的な世界観を打ち破ったのは他ならぬゴータマ（＝釈迦）だった。そして、現代世界の危機はわれわれにその人間観・世界観の変革を迫り、人と動物・植物・土壌とを一体とみる意識を要求しているのである。

（『梶山雄一著作集』春秋社、二〇一二）

私は梶山氏のこの考え方に出会った時、衝撃を受けた。氏は緻密な文献学を研究されてきた人である。そうであれば、仏教を「人と動物・植物・土壌とを一体とみる」ものと総括するのは難しいはずなのである。なぜかというと、インドの大乗仏教では植物には命を認めてこなかったからである。だから、動物の命を摂取しない精進《しょうじん》料理が慈愛の心を育むいとなみだと尊ばれるのである。すなわち、氏は文献学を研究してきたにもかかわらず、文献の言葉を超えて仏教に通底する理念を捉えていた。そして、仏教の理念が現代文明の中でどう応用されるべきかを、文献学の立場を超えて提示した。

仏教の思想というのは、よく知られた通り、自我を滅して、無我の世界に到達することである。無我というのは捉えがたく、時にニヒリズムと混同される。しかし、これは誤解である。自我の世界というのは、自分の幸せを中心に世界を眺めることである。これに対して、無我の世界というのは、世界の幸せを中心にして自分の存在を捉えることである。すなわち、物事の見方を一八〇度転換させるのが、仏教の役割である。

このような仏教の思想は、浄土系アイドル「てら*ぱるむす」のアイドル名にも込められている。すでに書いたように、「てら*ぱるむす」とは「無数の生命体が手を取り合っていく」という意味である。一見、アイドルが歌って踊っているだけに見えるかもしれないが、仏教文化が広まって、娑婆世界が幸せな場になることを願って、精いっぱいの活動を続けているのである。

†「ナムいやん」のその先に

さて、「お寺×アイドル」だけでなく、多くのジャンルとのコラボレーションが、龍岸寺で今後展開されていくのは間違いない。私なりに、「おもろいやん」――あるいは直近のトレンドのワードで言えば「ナムいやん」――という感覚を形にする努力を続けていくつもりである。だが、龍岸寺が楽しいお寺、活気のあるお寺だと認めてもらうことだけが私のゴールではない。そこはあくまで通過点である。

現代社会を眺めてみると、様々な問題が山積している。SDGsやLGBTなどの社会問題をテーマにするお寺も少しずつ増えてきているが、いずれもいま述べたような仏教の無我の思想に基づけば自然と解決への指針が見えてくる。本来からすればこのような取り組みを二五〇〇年前から実施してきたのが仏教である。私としては、アイドルヲタクもLGBTも含めたあらゆる老若男女が手を取り合い、動植物や微生物や山川草木に至るまで、この世のあらゆるものが幸せに暮らせる世界を作る、その起点になるのがお寺だと思っている。

お寺が精神的な中軸になって、この世界の経済圏・文化圏が構築されていくところまで務めていこうと私は願っているが、はてさて、どこまで実現しうるだろうか。本章を最後まで読んでくださった皆様には、ぜひとも注目を持って私のこれからの歩みを眺め、そして叱咤激励していただければ幸いである。

第四章

子育て支援——サラナ親子教室の試み

関　正見

1　ドキュメント　正福寺サラナ親子教室の一日

仏さまに見守られた空間で

一〇月の芋名月を前にした秋の日、朝から二歳児連れの親子が続々とお寺に集まってきた。門前で、ある子は恥ずかしそうにお母さんの後ろにくっついて、ある子は満面の笑顔で住職と挨拶を交わしながら本堂に入ってゆく。一五組の親子で堂内は一杯になり、にぎやかな声が境内に響きわたった。

滋賀県東近江市にある正福寺サラナ親子教室は、住職の妻（寺庭婦人《じていふじん》という）が室長を務め、住職と数名のスタッフが協力して運営している。この日は二歳児の親子を対象にした「サラナわんぱくクラス」(月二回)で、メインの活動は「お月見ごっこ」である。ウォームアップのフリータイムが終わると、ひとりずつ名前を呼んで出席シールを貼ってゆく。そしてみんなでサラナのお歌をうたい、お勤めをする。木魚を用意し、短いお経に続いてみんなで木魚をたたいてお念仏を称えるのであるが、子どもたちのたたく優しい木魚の響き、子どもたちの幸せを祈って手を合わすお母さん方の姿がとても清々しく、心地よいひと時である。

お勤めの後は住職の三分法話。活動に合わせて「お月見に込められた心」のお話である。

「古来、日本人は太陽をお天道様と呼んで日輪の向こうに神様を想い、月の向こうには仏さまや御先祖様を想い描いて満月に手を合わせてきました。仏さまは月の光のように優しく私たちを見守って下さっています。

今日はお月見ごっこで、壁に掛けた美しいお月さまにお団子作ってお供えいたしましょう。昨今、お月見という文化はほとんど消滅寸前ですが、どうか想像力と情緒豊かなお子さんを育むために、お母様方には頑張ってご家庭で季節の行事を演出していただきたいと思います」

住職の法話など二歳の子どもがじっと聞いていられるわけがないかと思いきや、赤ちゃんのころからサラナに通い、お母さんの膝に座っていると、聞けるようになるから驚きである。木魚を片づけ、動物さん体操である。

月見団子作り

キリンさんになったりゾウさんになったりアライグマさんになったり、最後はカラスがカーッ！と大声で鳴く。サラナを始めたころは抵抗があった。気恥ずかしくて動物になれないのだった。お勤めや法話などをするばかりの僧侶が、子どもや若いお母さんと一緒にカラスがカーッとやれるようになるためには、鎧、かぶとや変なプライドの服を何枚も脱ぎ捨てなければならなかったが、結局はそれが修行なのであり、いつでもキリンさんになれるようになったら年間六組だった会員が四〇組を超えていた。

「お月見ごっこ」は、秋の満月を前に本堂でお月見の模擬体験をする活動である。みんな手を洗ってエプロンを着ける。室長とスタッフが前もって下ごしらえをしておいた団子の生地を親子でちぎって団子に丸め、フライパンでさっと炒めて餡をかければ出来上がり。子どもたちは最初はお母さんに手伝ってもらって丸め、次は「自分でする！」とがんばり、丸い団子だけでは飽き足らなくなって思い思いの形・大きさの団子を親子で話しながら作ってゆく。フライパンで炒めるのもほとんど初めての体験で、「熱いから気をつけて」と言われておっかなびっくりであるが、室長や住職と一緒に炒めて出来上がった時には得意満面である。

†みんなで食べる至福のひととき

三方に乗せて壁掛けのお月さまにお供えをしてから、みんなで手を合わせて「ののさまみなさまいただきます」。一緒に食べる時間はまた格別である。人と人は一緒に食べることで仲良くなり、幸せ感が増す。室長はこの時間への思い入れが強い。当初はお寺へのお供え物のお菓子のお下がりをみんなで寄ばれていただけであったが、なるべく手作りのおやつを、できればお昼ご飯になるくらいのものを、と手を加えてゆき、栄養士や食事専門スタッフの力を借りて毎回昼食を出すに至っている。アレルギーにも配慮し、家でまた作ってもらえるようにレシピも配っている。小さい子どもと食事をするのは大変だが、そんな中でもお母さん同士いろんな情報交換をしたり、グチや悩みを語り合ったりして日頃のストレスを解消できる貴重な時間なのかもしれない。

突然、ぐずっていた男の子がお汁のお椀をぶちまけた。「キャーッ！」と悲鳴が上がる。向かいに座っていたママの顔にお汁がかかっている。「もう！　何するのよこの子は！　ごめんなさい、ほんとに、服汚しちゃって……。うちはごはんになったらいっつもこんな感じになって……」とこぼれたお汁を拭きながら涙ぐむお母さんに、「大丈夫だいじょうぶ。うちも似たようなもんやし、がんばって」と周りから暖かい励ましの声がかかる。同じ大変さを理解し合える者同士、大きな愛が互いを支え合っているようである。

食事が終わると、住職がわんぱくな子どもたちと少しじゃれ合ってから絵本を読む。「お月見ごっこ」にちなんで、『おつきさまなにみてる』（なかじまかおり作、岩崎書店、二〇一二）である。お月さまはみんなのことを優しく見ているよ、というとても可愛らしい絵本で、最後に「またおうちでお月見しましょうね。」とお話しし、活動を終えた。

みんなで食事

お母さん方からは後日、この日の活動に関わって、「クッキングは危ないし面倒なのでなるべく子どもには台所に近づかせないようにしていましたが、今回の活動で、こんなに楽しそうにお料理するのを見て、もっとやらせてあげればよかった、と思いました。自分で作ったお団子はもちろん、私の分まで完食しました。家へ帰ってもパパに得意げに団子作りのお話をしていました」。「お月見はしたことがありませんでした。和尚さんのお話を聞いて、亡くなった母のことを思いながら娘とお月見をしました。孫を見てもらっているような気持ちになりました」というようなコメントが寄せられた。

2　お寺で子育て支援

†地域社会の中で育まれた心

現在の寺院をイメージして、乳幼児を連れた若いお母さんが大勢お寺に集まって楽しく過ごしている光景を想像していただくことはできるだろうか？　実際、それくらいの年代の親子にとって最も縁遠い場所が寺院なのかもしれない。

戦後しばらくまでは、寺院の境内は子どもたちの遊び場であり、寺子屋、日曜学校などで住職や寺庭婦人が子どもたちとふれあい、農村では農繁期託児などが当たり前のように行われていた。家には仏壇が祀られ、御先祖様の写真が飾られて、あらゆる世代が仏さまや御先祖様とともに暮らしていた。

そこでは常に仏さまの眼差しが感じられ、毎日お花やお水やお仏飯をお供えする中に、日々の感謝、懺悔の祈りがあったはずである。給料袋はまず仏壇に供えられ、いただき物もお供えしてからみんなで寄ばれた。そのような雰囲気の中で子どもたちは仏さまという存在を自然と意識し、悪いことをすればバチが当たると思い、優しく守っていただけることを願い、よい子になろうと手を合わせたのである。

宗教的情操というものは特別な場所で教育を受けて植えつけられるようなものではなく、家庭やつながりある地域社会の日々の暮らしの中で養われていった。そして、仏教的な倫理や情操は暮らしの中で「いきて」いたのである。

†変わりゆく社会と人々の心

ところが、日本が高度経済成長を成し遂げ、経済的・物質的豊かさを手に入れてゆくにつれ、状況は大きく変化していった。

三世代で折り合いをつけながら暮らしていたのが、世代別に住居を持つことが可能になり、若い世代が家族や地域社会から抜け出して生活するようになっていった。それはもちろん社会構造の変化に伴ういたしかたない面もあったのである。窮屈な思いをしなくても伸び伸び好きなように生活でき、面倒な近所付き合いからも解き放たれるのと引きかえに、今まで何十年、何百年智慧を結晶化して作り上げてきた「共同体」という助け合いの社会文化が崩壊していった。経済的に豊かになって助け合わなくてもやっていけるようになったことで個人個人が急速にばらばらになっていった。

地域にあった会や組織はどんどんなくなり、祭や運動会など人々をつないできた行事も衰退の一途をたどる。最も基本的な「自治会」組織からも、当番・役・会費をきらって離脱している世帯が多い。

若い世帯は親元の地域社会から離れた後、新しい地域のネットワークに加わることは稀であり、その結果、自由を満喫して暮らせるかわりに、苦しい時に誰の助けも得られないという状態に、知らないうちに追い込まれているのである。

また、若い世帯が別の暮らしを始めることで、祖父母による経験を元にした子育てや教育的なバックアップがなくなり、家庭の包容力や教育力が大幅に低下した。その結果、子育ての負担は多くの場合母親に集中し、肉体的にも精神的にも疲れ果て、鬱病の発症や虐待、育児放棄などの問題が多発するに至っているように思われる。

そしてまた、地域社会から若い世帯が離れてゆくことは、そのまま寺院からも離れてゆくことであり、子ども会、日曜学校も衰退し、家庭内においても仏壇を持たず、仏さまの眼差しを感じることのない子どもたちが育っている。今や曽祖父母の家に行かないと仏壇がない、という世帯が増えてきているのである。

†おてつぎ運動とサラナ親子教室

地域社会と家庭教育を通して伝えられてきた宗教心や信仰心が、社会の変化に伴って継承されにくくなったことに危機感を覚え、その再認識と再構築を目指して浄土宗総本山知恩院が一九六六年に提唱したのが「おてつぎ運動」である。

一般寺院と檀信徒のつながりを総本山も含めて結び直そうとした信仰継承運動である。しかしこの運動も別れて暮らす若い世代に直接働きかけることは難しくなった。そのような状況の中で、一九九八年、サラナ親子教室事業はスタートした。「サラナ」とは、古代インドのパーリ語で「やすらぎの場所」「よりどころ」という意味である。

この事業の目指すところは、バックアップを失った母親の悩みやストレスを軽減する場を提供すること、母親を支援することで親子の心の絆を確かなものにし子どもたちの安心感を高めること、子育てに親子の人間関係を超えた仏さまの眼差しを取り戻すことでより豊かな情操を育むことである。そしてさらには、本来持っていた様々な役割を失い、葬式仏教に縮小した寺院が、檀家組織の枠組みを超えて直接若い親子と関わり合うことで、閉塞した状況を打ち破り活性化を図る、という面も併せ持っていた。

事業立ち上げの際には、当時の知恩院執事長・牧達雄師を中心に内局のメンバーがソニーの外郭団体ＥＤＡ（幼児開発協会）にアドバイスを請い、支援を受け、内藤寿七郎《じゆしちろう》氏、手塚治虫氏、辰巳敏夫氏、勝部英一氏、葛西健蔵氏の進めておられた「あたたかい心を育てる育児運動」（一九七〇年、アップリカ創業者である葛西健蔵氏が提唱した育児運動）とも歩調を合わせた。

まず知恩院教室を開設し、それをモデルとして全国の浄土宗寺院にも事業の展開を図るべく、インストラクターの養成にも力を入れた。日本における子育て状況の閉塞と、寺院の閉塞、この二つを同時に打開しようとするこの事業は、今、全国で行われている子育て支援のさきがけとなった。また、見方を変えれば「生」「老」「病」「死」の苦を乗り越えようと、人々に法を説き耳を傾けられた釈尊《しやくそん》の実践を、現代のニーズに合わせてもう一度始めようとする、新しくも根本的な営みであると言えよう。

3　正福寺サラナ親子教室の挑戦

†お寺はお荷物？

私は一九九五年に滋賀県東近江市に転入し、正福寺の住職を拝命した。正福寺は琵琶湖の東、湖東平野の真ん中にある田園地帯の五〇軒弱の集落（五個荘伊野部町《ごかしょういのべ》）にある。古い伝統が色濃く残る土地柄で、隣近所の助け合いの協力体制は昔のまま残っていた。今、福祉の現場が構築しようとしているコミュニティの絆づくりの最先端が実現している（壊れずに残っている）ような状況であった。しかし、若い世代は地域から離れたところに住居を求め、少子高齢化が急速に進んでいた。まじめで温厚な方が多く、住職就任の際には大歓迎していただいたが、しばらく勤めて打ち解けてくると、いろいろなホンネを聞かされるようになった。

「このような小集落の少ない檀家でお寺の守りをするのは負担が大きく重荷である」ということである。もとより家族を伴った住職がそれまでの寺院活動だけで生計を立てることは困難な規模の檀家数であり、住職の側も大変な思いでスタートを切っているのであるが、それほど「経費はかかるのに恩恵が少ない」ということを不満に思っておられたようである。形通りに粛々と勤められる定期法要には住職がお参りの勧誘をしても「お供えさしてもろとくので（先祖さんにお経を）あげといて」と、おっしゃる方が多かった。お寺に縁のあるのは特に信仰心の篤い高齢の方だけで、若い世代にはほとんど見向きもされない。私は危機感を持って様々な営みの中身の見直しに取りかかった。

まずはじめに、形骸化した葬儀や年中行事の意義を丁寧に説明することにした。仏教の勉強はもちろんのこと、学んだ内容を分かりやすく檀家の皆さんに説明し、実践できるように努力した。葬儀、年忌やお盆の行事は、亡き人の魂をお浄土に送り届け供養する大切な勤めであること、南無阿弥陀仏は自分自身が仏さまとつながるキーワードであり、仏さまとともに明るく、正しく、仲良く生きて一緒に浄土へ向かおうとすることが我々の生きる道であるということを、機会あるごとにお話しし、寺報や掲示板にも書き記し、自分自身の生活でも実践するようにした。

特に、終末期における本人と家族と仏さまとの関わりが大切であると感じた経験から、「仏教看護（ビハーラ）」を学んで看取りの質の向上を訴え、仏さまとのつながりをより深めてもらえるようにと、お見舞いの際に腕輪念珠《うでわねんじゅ》（手首にはめるブレス型の念珠）をわたしてともに御加護を祈ったりするようにした。また、四十九日の中陰期間はご遺族にとって悲しみを癒やし心を整える大事な期間であるとの思いから、傾聴の姿勢を学び丁寧に勤めをするようにした。ずっと行ってきた寺院の重要な勤めを、心を込めて丁寧にやり直すことで、檀家の皆さんの反応は大きく変化した。そして、次の新しい一歩を踏み出すことになる。

サラナ親子教室のチラシ

新しい命とともに

最初の子は流れてしまった。夫婦で大いに泣いた。だからこそ、次に授かった命は何としても大切にしたいと願った。

そんな時、知恩院の「あなたのお寺でサラナ親子教室を始めませんか？」という案内が目にとまった。

夫婦とも他所から正福寺

へ入ってきた者であったので、ここで生まれて育ってゆく子にはここでたくさんの人の縁に恵まれて欲しい、という願いと、生まれてくることができなかった子の分まで大勢のお子さんをかわいがることが供養になるのではないか、という思いで、二〇〇二年に夫婦そろってサラナ親子教室のインストラクター養成講座を受講することを決めた。

養成講座では、サラナ親子教室の基盤を確立された静永《しずなが》史範《し はん》主幹のもと、福井富美子、藤村典子、橋本三千代インストラクターの各先生方の丁寧な指導を受け、マタニティーから二歳までの母子関係や配慮の仕方、親子の心の絆を育むようなふれあい遊びの実践、教室運営に必要な事務作業など、開設のためのノウハウを伝授していただいた。そして何よりも心を動かされたのは、「一緒に子育てをがんばりましょう」と優しく暖かい言葉をなげかけられる先生方の姿であった。

当時はまだ「子育て支援」という言葉が一般化していたわけではなく、このような事業を推進されたことを画期的だと感じた。幼稚園経営や子ども会、日曜学校など、子どもを預かって行う取り組みは従前からなされていたが、親子で来てもらって安らぎの時間を過ごし、子育てそのものの質の向上を図ろうとするような取り組みはほとんどなく、それを「お寺でする」ということが実現できればどんなに素敵だろうか、と期待に胸を膨らませて自坊に帰り、教室開設の準備に取りかかった。

田舎の小集落である五個荘伊野部町で、対象になる幼稚園就園前の乳幼児は自分の子以外に一人であった。村から外へ嫁いだ娘さんにも声をかけてもらって、二〇〇三年、どうにかこうにか六組の参加者で始めることができた。

月一回、平日の午前中、本堂に集まって一緒にお勤めをし、一緒に遊び、おやつを食べる。スタッフは私たち住職夫婦のみ。遊びもおやつもすべて自前の素朴な内容で、「子育て支援」というよりは、「一緒に頑張るつどい」であった。いろんなことがしっくりくるまで、試行錯誤が続いた。

二年目以降、ありがたいことに参加者のお母さんが「お友達」を連れてきて下さるようになった。活動の内容も徐々にバリエーションを増やしていった。七夕、お月見、お正月遊び、ひな祭りなど、日本の伝統的な季節の行事、地蔵盆ごっこ、花まつりなどの仏教行事に加え、運動会、水遊び、音楽会、歯の手入れ、離乳食などを取り入れ、地域の方にも協力を願った。住職は子どもたちと体を張って遊び、室長の妻は参加者のお母さんと毎回帳面を通してコメントのやりとりをし、表に出せない声にも配慮できるようにした。

数年で本堂は満杯になり、赤ちゃんの危険を回避するためにも、年齢別のクラス分けに踏み切った。ひと月に何回も教室を開くようになって、お寺も、お寺を取り巻く地域の雰囲気も変化した。檀家の枠を超えて広く地域社会の人がお寺の門をくぐってくださるようになり、とても「風通し」が良くなった。閉鎖的な雰囲気が開放されたのである。お客さんが増えると掃除をする回数も増えてきれいになり、それがまた良い反応を生んだ。そして何といっても、今までできていなかった福祉的な営みが、地域の人々のお寺に対する評価を一変させたように思われる。

三人の我が子がサラナを卒業してゆくころには、広い地域社会が知り合いだらけになり、人間関係も大きく広がった。卒業生のお母さんがスタッフとして協力して下さるようになったり、ベビーマッサージ、親子ヨガなど、スキルをお持ちのお母さんを「講師」に招いたりするなど、横のつながりがさらに広がった。また、年に一度の同窓会、小学生対象の「正福寺てらこや」など、次の段階も充実するようになった。

サラナ運動会の玉入れ

少子化、過疎化に悩む地域であるが、子どもたちに愛情をかけて一生懸命子育てされるお母さんがこんなにたくさんおられることを何とも心強く感じるのである。中には、お母さんが仕事に復帰されても子どもとの楽しい時間をなくしたくないという理由で、サラナの日に休みを合わせて参加を続けられる方もある。もちろんそのようなことが可能な職場は稀なのだが、この事業がニーズにかなっているということをひしひしと感じさせられる思いである。

†参加者の声

サラナ親子教室事業二〇周年を迎えた二〇一八年に、記念行事とともにアンケートを行い、サラナに通ってどう思ったか、このような取り組みについてどう思うかなど、参加者の声を聞いてみた。

「子育てに気持ちの上でゆとりができました」
「子どもに自信がついた気がします。自己肯定感というか」
「家でお寺のことをパパに話したり、お姉ちゃんに話したり、家族の会話が増えました」

などの言葉が多く見られた。

「子どもの情操教育にはもちろん、親自身も同じような年齢の子どもを持つ親同士が情報交換をしたり、悩みを話したりして、親も子も居場所があって楽しめる場所だと思います。子育てや日々の忙しい生活の中で、ゆっくり仏壇に手を合わせることがない時に、こうしてサラナに来ることで子どもの成長や健康でいられることのありがたさに気づき、手を合わせることができ、とても和やかな気持ちになれました」

「仏教の行事の意味を聞くことができて良かったと思いました。例えば、お盆の過ごし方にしても、お盆の連休は旅行に行くのが当たり前のように思っていましたが、御先祖様と過ごす大事な時間だと聞いて、里帰りし、お墓参りなどをしてゆっくり過ごしてみて、とても新鮮で清々しい気持ちになれました」

「経済的負担が大きくても、結婚後しばらくは親との別居をとおしてきました。でも同居を始めてサラナを知って、「こんな素敵な場所があるのを知ってたら、もっと早く帰ってきたのに！」と思っています」

など、親にも子にも家族関係にも良い影響があったということが聞けて、喜ばしい限りである。

4　広がれ、サラナの輪

†知恩院サラナ親子教室の主幹として

二〇一三年、私は知恩院サラナ親子教室の主幹を引き継ぐこととなり、正福寺教室はそのままに、知恩院教室の運営、さらには全国の浄土宗寺院への教室展開を推進する立場となった。モデルとなる知恩院教室の充実を図り、また地方寺院（正福寺）での実践の経験をもとに、新教室開設のためインストラクターの養成に力を注ぐこととなったのである。

サラナ親子教室の出発点は、「子育ての質を高めること」であった。高度経済成長に沿って追い求めた物質的豊かさと引き替えにされた「子どもとの豊かな関わり」を取り戻そうとする「子育ての見直し」であったとも言える。

まず、親子でお寺に来てもらい、一緒に食べ、一緒に遊び、一緒に掃除をし、一緒に学び、ともに泣いたり笑ったりしながら愛情や信頼を深めてゆく場を提供すること。そして、母親の育児負担を軽減することはできなくても、気持ちに寄り添うことを大切にした。孤立を解消して同じ境遇の者同士がつながり、悩みを語り合い情報交換をすることでストレスが緩和され、いろんな気づきを得て前向きな気持ちで育児に取り組んでもらえるようになればよいのではないか。縁起（この世は不思議な縁で互いに関わり合い支え合って成り立っているということ）をかみしめ、精進（怠ることなく励むこと）し、仏さまの御加護を祈って手を合わす営みが、お寺でしか感じられない安らぎを提供するという基本理念であった。

母親の心の安定が子どもたちの幸せに直結する。母親を信頼し、愛情に満ちた世話を受け、心豊かな時間を過ごすことで、子どもたちはその後の人生をたくましくしなやかに生きてゆけるのだと言われている。

このような観点から「親子教室」という形で提唱された事業であったが、この二〇年で社会の情勢はまた大きく変化してきている。働く母親の割合が大幅に増加し、核家族の夫婦の協力すらままならない状況で子育てをしなければならない世帯もあって、孤立や鬱病の発症など深刻さの度合いが増している。

サラナ親子教室も、基本的な理念は大事にしながら、状況の変化に合わせて平日のレギュラークラスとは別に土曜日曜に開催日を設定し、限られた時間の中で少しでも質の高い親子の時間をもってもらえるように工夫を重ねている。

二〇一六年、一八年にわたる地道な親子教室活動と全国への事業展開が評価され、知恩院サラナ親子教室事業は全国青少年教化協議会から第四〇回正力松太郎《しょうりきまつたろう》賞児童教化功労賞をいただいた。そしてこれを機に、各宗派の寺院関係の方々の見学や問い合わせをいただくようになった。浄土宗以外の寺院にまで広がることになればこれほどありがたいことはない。

インストラクター養成講座では、すでに二〇〇名を超える修了者を送り出しているが、寺院内での世代間摩擦や副業との兼ね合いなど、それぞれの寺院が抱える諸問題が壁となって、なかなか開設にこぎ着けられないことも多い。

二〇一八年現在、全国に二〇校のサラナ親子教室が開設されている。皆同じように知恩院で養成講座を受けてノウハウを学んだ志ある住職や寺庭婦人がインストラクターを務めている。ただ、地域性や寺院の規模など条件はまったく異なるので、主催寺院が運営する幼稚園の園舎でプレ教室のような形で開設されているところもあれば、寺院の本堂や書院を使ってキャパシティーに応じてなされているところもある。また、カウンセリングの技能や保健師のキャリアを存分に活かしておられるところ、食育に力を入れておられるところなど、画一的な内容ではなく、それぞれの寺院の特色がある彩り豊かなものになっている。開催日も、平日であったり土日であったり、様々である。

二年に一度知恩院で交流会を持って、教室間で情報交換をしたりしながらフォローアップをし、モチベーションを高め合っている。

†手から手に

二〇一八年七月九日、知恩院教室二〇周年を迎えるに当たり、記念行事を開催した。一期生として通った親子も参加され、二〇歳になった娘を囲んで思い出話に花が咲いていた。二〇年にわたってインストラクターとして仕事をして下さった先生がいらっしゃればこその再会である。学校や幼稚園と違い、お寺ではこういうことが可能となる。その娘さんは「結婚して子どもが生まれたら、必ずサラナに連れて来ます！」と言ってくれた。これからのサラナの取り組みをイメージするうえで最も美しい光景ではないだろうか。

手から手に　伝わるぬくもり
手から手に　伝わる安らぎ
ずっと遠い未来まで　あなたとともに
けんかしても　涙出ても　また寄り添って
手から手に　伝わる祈り
手から手に　伝わるいのち（『手から手に』知恩院サラナ親子教室の歌）

毎回教室の最後に、この歌をうたっている。

このような取り組みが「寺院」という素晴らしい環境を活かして日本中で展開されたらどんなにか喜んでもらえるであろうと思いながら、知恩院で普及に努める日々である。

サラナ親子教室は、「先祖代々から子々孫々までを貫くいのちの縦糸と、今を生きる人々の縁を結ぶ横糸を織り合わせ、子どもたちを優しく暖かく包み育む大きな布のようなもの」であって欲しいと願っている。そして、ののさまと一緒に育った親子が、またいつでも帰っていける「よりどころ」になれば、というのが理想である。

皆さんも始めませんか？　お寺で子育て。

第五章

女性の活動――広島県北仏婦ビハーラ活動の会

猪瀬優理

仏教は女性をいつも被救済者の位置においてきた。このことはだれしもが認めるところであろう。

（西口順子「はじめに」吉田一彦・勝浦令子・西口順子著、光華女子大学・短期大学真宗文化研究所編『日本史の中の女性と仏教』法藏館、一九九九）

1 仏教における女性

†女性への差別と救済

仏教においては、様々な女性差別的な教えやその解釈の伝統が存在してきた。

例えば、『法華経《ほけきょう》』の経文に由来する「女性は梵天《ぼんてん》、帝釈天《たいしゃくてん》、魔王、転輪聖王《てんりんじょうおう》、仏陀になれない」とする「五障《ごしょう》」説は、儒教に由来する「女性は幼きは父、嫁《か》しては夫、老いては息子に従うべし」とする「三従《さんじゅう》」の教えと結びつき、女性が救済されがたく男性に統制される根拠として「五障三従《ごしょうさんしょう》」が用いられてきた。

また、中世以降には月経や出産の血穢《けつえ》の考え方や、女性が男性僧侶を惑わし修行を妨げるとして「女身不浄《にょしんふじょう》観（女人垢穢《にょにんくえ》）」といった女性蔑視の考え方も普及し、女性を忌避することから生じた聖域における「女人禁制」といった女性排除の伝統も形成されてきた。

さらに、そのような救われがたい女性でも、大乗仏教においては救済されるという女人成仏《じょうぶつ》論や女人往生《おうじょう》論がある。その中には女性の身体のままでは成仏できず、男性の身体に変化してから成仏するという、『法華経』にある竜女の成仏に関する経文などをもとにした「変成男子《へんじょうなんし》」という説も含まれる。

男性僧侶たちは、女性を劣位に見る経文解釈や女性観に基づいて、その教えと救済を語り続けてきた。大乗仏教は女性を差別しながら、特別にその救済を説くというスタイルをとることで、女性たちに熱心に仏教を信仰し、供養する行動を促してきた。「差別と救済とが一体となった構造の思想」である（西口順子「女性と仏教をめぐる諸問題」前掲書、一九九九）。

日本の古代社会では、女性は一定の力を持ち、母の力も大きな影響力を持っていたが、中世以降に生じた女性の官職からの締め出し、家業・家産の父系継承の成立、嫁入り婚の開始といった変化によって、女性の地位は低下した。仏教もその歴史において女性の地位を低下させることに加担したといえる。

しかし、その中でも例外的に「子を思う母の力」のみは思慕《しぼ》され、礼賛されるものであり、このような思想的特色は、鎌倉仏教の僧侶たちにも共通していた。勝浦令子《かつうらのりこ》は『女の信心』（平凡社新書、一九九五）所収の「古代における母性と仏教」という章の書き出しにおいて、「仏教の日本的展開の問題や、民衆による受容のされかたを考えるうえで、仏教と女性や母性との関わりは、決してみすごすことのできない重要な視点であろう」と述べている。「仏教の経典の教理・教説が女性を厳しく忌避しながらも、母性・母なるものについては、積極的に評価していること」は、女性たちが差別されながらも母としての役割に意義を見出し、仏教を受け入れるのに役立ったのである。

✝男性中心主義的組織と女性――寺族・坊守・寺庭婦人

現代仏教における女性のあり方については、川橋範子《かわはしのりこ》『妻帯仏教の民族誌』（人文書院、二〇一二）において、特に、宗教界のフェミニズム運動について知ることができる。曹洞《そうとう》宗を中心とし、補足的に真宗教団における状況が説明されているが、基本的な問題構造は多くの既成仏教に共通しているといってよい。

曹洞宗は「出家主義」をとる宗派だが、実際には多くの寺院において住職である男性僧侶が妻帯し、寺の継承は世襲となっている。にもかかわらず、宗派は妻帯を教学的・制度的にはあいまいにしたまま、住職の妻となる女性に「寺族《じぞく》」として住職を補佐し、寺院の護持興隆に尽力するように促している。

真宗教団では宗祖親鸞《しんらん》の妻帯にならい、「出家主義」はとっておらず、むしろ住職家による世襲と寺院運営を前提としてきたが、住職の配偶者を自動的に「坊守《ぼうもり》」とする規定が性別役割を固定化するという問題があった。

「寺族」とは、それぞれの宗派によって定義が異なる部分もあるが、実際的な用法としては、住職の配偶者や子どもなど住職の家族を指すことが多い。「坊守」とは真宗教団で用いられる呼称であり、実際的な用法としては住職の配偶者を指すことが多い。

それぞれの教団で女性たちの異議申し立てが実を結び、この点に関する規定は改正された。現在の曹洞宗や浄土真宗本願寺派の規定における「寺族」あるいは「坊守」の定義は、「その宗派の教えを信奉し、寺院の寺族（坊守）名簿に登録された者」と婚姻関係や性別などは明記されない、何らかの式を受けるなどして登録されるものとなっている。

不利益や不自由を被りやすい状況にある女性たちが、性差別の根強い教団に対する批判を表明することで教団を変革する動きは、歩みは遅いものの一定の成果に結実し、問題意識の共有が図られてきている。

現代の仏教教団における女性たちの動きの中で、多宗派の女性が参加する「女性と仏教東海・関東ネットワーク」からは、『仏教とジェンダー』（朱鷺書房、一九九九）、『ジェンダーイコールな仏教をめざして』（朱鷺書房、二〇〇四）、『新・仏教とジェンダー』（梨の木舎、二〇一一）という三冊の書籍が出されている他、二〇一八年で第一八号を重ねる雑誌『女たちの如是我聞《によぜがもん》』が毎年発刊されている。

これらに掲載された論考からは、現代の仏教教団においても男性中心主義的な教義解釈、組織運営、性別役割分業に基づく女性の不利な位置づけなどの状況が続いていることとともに、当事者の立場からこのようなありようを是とせず、変革を促そうとする動きが出ていることが確認できる。

†仏教婦人会――女性仏教徒の役割

坊守や寺族あるいは女性僧侶、尼僧《にそう》といった寺院に暮らす女性たちが抱える問題が議論されるようになってきた一方で、本章で焦点を当てる仏教婦人会、在家の女性の門信徒・檀家の信仰や寺院における活動については見えにくいのが現状である。数少ない仏教婦人会に関する研究においても、その成立や展開について史料をもとに議論するものが多く、現代社会における仏教婦人会の活動自体について着目している例は少ない。

仏教教団における女性信徒については、「必ずしも主体的でない仏教婦人という位置づけ」（熊本英人《えいにん》「近代曹洞宗における仏教婦人」『宗教研究』八〇〈四〉、二〇〇七）、男性僧侶らから女性信徒に対しては「仏教的家庭」形成の期待があり、一貫して「女性」を救済の対象とする構図がある（福島栄寿《えいじゅ》『思想史としての「精神主義」』法藏館、二〇〇三）、発足当初の仏教婦人会における女性の主体的参加はかなり限定的で、男性僧侶の主導で作られた（中西直樹「近代仏教婦人会の興隆とその歴史的意義」『佛教文化研究所紀要』五六、二〇一八）など、男性僧侶の視点から見て女性信徒が常に仏教の組織に従属的な存在とみなされてきたことが指摘されている。

仏教婦人会の活動内容は、一部には「種々の救護活動も積極的に」行う側面もあったようだが、基本的には「伝統的な「婦徳《ふとく》」を強調する組織」であり、「それぞれの宗派の法会や説教、寺への奉仕活動などを中心としていた」（石月静恵《いしづきしずえ》「近代日本の仏教婦人会について」『桜花学園大学研究紀要』二、二〇〇〇）。

各寺院における仏教婦人会（あるいはそれに準ずる組織）の活動の中心は、現在においても、寺の行事における手伝い（料理作りやお接待など）や寺の管理の手伝い（掃除など）が多いと思われる。仏教において母としての役割が大事にされるという傾向から、子どもに関わる行事は仏教婦人会が担当している、という寺院もあるだろう。女性信徒たちが寺院を支える労働を様々に行っている一方で、寺院を代表する総代などに女性信徒が就任する事例は多くはなく、あくまで裏方であることが多い。

このような状況においては女性信徒が自分たちの働きを寺院に「搾取されている」と受け取る可能性は大いにある。仏教婦人会の活動を意義あるものと受け取る信仰心がなければ、たちまちに活動に関わる内発的な動機は失われるだろう。

寺院とは誰のために、何のためにあるものなのだろうか。仮に寺院を存続させるために女性の労働が無償で搾取され続け、そこに労働を提供している女性自身がその労働の提供に十分な意義を見出せないような状況にあるのならば、そのような寺院を女性たちが支えなければならない客観的な理由はない。

本章では、以上の問題意識に基づき、仏教婦人会を基盤としている団体の活動を取り上げることによって、仏教における女性の信仰に基づく活動が意義あるもののために必要なことは何であるのかを確認したい。

2　広島県北仏婦ビハーラ活動の会

†活動の舞台——広島県三次市周辺

本章で紹介する仏教婦人会を基盤として形成されたビハーラ活動は、広島県北部、島根県との県境に位置する広島県三次《みよし》市を中心に活動している。三次という地名がその土地の成り立ちを示すように、江の川、馬洗《ばせん》川、西城川という三つの大きな川、江の川の支流が合流する地で、かつてより山陽と山陰をむすぶ江の川水運の拠点としても重要な位置を占めてきた地域である。現在においても、三次東インターチェンジは中央自動車道と中国横断自動車の松江自動車道および道尾自動車道とのジャンクションにあることから、山陰と山陽、関西圏と九州圏を結ぶ交通上の拠点となる位置を占めている。

しかし、当市にも人口減少の波は押し寄せており、国勢調査データで二〇〇〇年までは六万人を超えていた三次市の人口は、二〇〇五年から二〇一〇年までの五年間の間に五万九三一四人から五万六六〇五人と減少の一途をたどっている。コミュニティのあり方については、「地域のつながり」があり、「地域活動やボランティアが盛ん」であるとして高い評価がある一方で、少子高齢化の進行によって「集落機能の低下」「自助・共助の弱まり」が問題点として出てきているとの認識が示されている（「三次市総合基本計画」二〇一四）。

このような中、三次市では、「自然や伝統行事等の地域の資源を掘り起し、その魅力を向上させることにより、地域の良さを再認識し、その良さや強みを積極的に発信し、交流人口の拡大や定住につながる取組を展開」することで、人口減少・少子高齢化が進行する地域社会に対応しようとしている（「三次市総合基本計画」二〇一四）。

このように三次市は人口減少・少子高齢化のただ中にいるが、交通の要所という「強み」があり、現時点では、住民同士の地域のつながりや助け合いの活動が機能しているという「良さ」のある地域である。今後もこれらの「強み」や「良さ」を維持・強化していく方法として、三次市では行政の視点からも地域のつながりを維持し、活性化させることを目標としている。その資源として、自然環境とともに「伝統行事等」が認識されている。

三次市は備後《びんご》教区ではあるが、特に熱心な信仰を持つとして知られる安芸《あき》門徒を輩出する地域に当たる。浄土真宗は、地域伝統のうちの一つである。三次駅前には、浄土真宗本願寺派備後教区三次組《そ》によって掲示された看板が設置されており、三次市や近隣の市町には僧侶の発願《ほつがん》によって設置に至った、高齢者福祉施設や病院が複数ある。隣の市である庄《しょう》原《ばら》市にある社会福祉法人相扶《そうふ》会、三次市三和町の社会福祉法人美和会喜楽園《きらくえん》は、親鸞聖人七〇〇回忌の記念事業として、それぞれの地域寺院の住職の発願により設立されたものである。

本章の舞台であるビハーラ花の里病院もその一つである。当病院は、法正寺住職の発心《ほっしん》により、一九九〇年に設立された（一九七三年に社会福祉法人慈照会設立）。一九九四年には医療福祉法人微風会が設立され、周辺地域で医療福祉の施設・サービスを展開している。

三次組の看板

†活動の概要

広島・県北仏婦ビハーラ活動の会は、一九九〇年に三次組の仏教婦人会において発足した病院ボランティア活動である。当初は有志の三次組仏教婦人会員のみで活動が行われたが、間もなく広島県北の他の組、備後教区の三谿《みたに》組・比婆《ひば》組・世羅《せら》組・安芸教区の高田北組（以上、五組）からも活動への参加を希望する声があがり、教区を超えた地域の広がりを持った活動団体として「広島・県北仏婦ビハーラ活動の会」が発足した（県北仏婦ビハーラ活動の会『ビハーラ――わたしにも手伝わせてください』自費出版、一九九三）。以来、ビハーラ花の里病院で毎週水曜の一二時三〇分から一六時に、五組の有志女性（仏教婦人会会員および坊守など寺族女性）によって行われている。

ビハーラ花の里病院外観

活動内容は、事前学習会、病棟でのボランティア活動、ビハーラ法話会の法話の聴講、事後の反省会である。ボランティア活動の具体的内容は、時代によって変化しているが、基本的には病院から要請される病院スタッフの補助作業であり、現在ではシーツやタオルを畳むなどの軽作業が中心である。この他、五年に一回の頻度で浄土真宗本願寺派の御裏方《おうらかた》などとの面会や、ハワイの病院との訪問交流も数回有志で行っている。

ビハーラ活動の実際の流れは、次の通りである。班員同士で車を出し合うなどして病院に向かい（ともに昼食を取る会員もいる）、仏壇の置かれているホールに集合する。三〇分ほどの病院スタッフによる講演（健康や医療に関する知識を得られる）を聞いた後、仕事分担が振り分けられ、各自の活動に入る。その際には、揃いの水色のエプロンと三角巾を身につける。このエプロン姿でビハーラ活動に来ている「仏婦」であると、病院スタッフや入院患者、見舞客に伝わるようになっている。一四時半ころまで清掃や布巾畳みなどのボランティア活動をした後、一五時から仏間のあるホールでビハーラ法話会の担当僧侶による法話が行われ、「仏婦」の方々も患者さんと一緒に聞く。法話後は、病院から提供されるお茶を前に活動記録を書き、活動の振り返りなどを行い、各自帰途につく。

　現在二〇〇人程度の会員は二年を一期として、会員登録を更新する形で活動に参加する。各会員の参加回数は年四回、それぞれの組でつくられたグループごとに年間計画が定められ、一つのグループはおよそ三カ月に一回の頻度で活動を行っている。

ビハーラ法話会の様子

　事務局は地域の寺の住職・副住職が引き受けている。一年任期であるが、本格的に事務局を担当する前年度からその業務を補助的に担当し、次の年に中心的に事務局を担い、次年度に次の事務局担当の指導に当たるため、担当僧侶は事務局として三年間連続して当会に関わることになる。また、当会の年一回の総会時には、その時の五組の組長が僧衣で壇上に上がり、冒頭のあいさつも輪番で組長が勤めるなど、この活動が五組の浄土真宗寺院のもとで行われていることが公的にも確認されている。

会費は年間一〇〇〇円であり、これが会の活動資金となる。宗門《しゅうもん》（本山）からの助成は受けておらず、任意団体としての活動である。本山からの助成を受けない任意団体として活動していることで資金面では制約はあるが逆に自由なことができるという。例えば、現代ホスピスプログラム創始者として著名なシシリー・ソンダース博士を訪ねてビハーラ活動の会の有志の関係者でイギリスへ行ったこともある。

3　活動の会を導いた藤井睦代会長

†「お寺オタク」

会長職は会の発足以来、二〇一六年七月にご逝去されるまで、一貫して藤井睦代《むつよ》さんが担っていた。他の会員は年に数回の参加であるが、藤井会長は当会の発足以来、ほぼ毎週

ありし日の藤井睦代さん

活動に参加していた。
藤井会長は、神戸出身の一九二八年生まれである。カトリック信仰を持つ家庭に生まれ育ち、カトリック教徒としてシスターの奉仕活動を身近に見て育った。シスターたちが奉仕に打ち込む姿に「社会に還元するのが当たり前」という姿勢を学んだことが活動の根本だった。浄土真宗の門徒になったのは、夫の仕事の関係で三次に移り住んだ縁である。
三次市移住当時はカトリック信者だったが、知人の縁で本願寺派寺院の離れで八年間起《き》居《きょ》し、門徒ではないが寺の行事などの手伝いなどもこなした。寺の離れを去り、三次市内に住居を構えるようになった後、お寺への思いが生じ、世話になっていた寺院の門徒となり、所属寺院の仏教婦人会会長を長らく勤められた。また、かつては三次組仏教婦人会会長としても長く活躍した。自身の提案で立ち上がった三次組仏教婦人会コーラス部の部員でもあった。三次組の連続研修会には第一期から参加し、研鑽を重ねていた。

八〇歳を過ぎてから大病をし、大きな手術も経験しているが、寺院に関わる活動を続け、むしろ、そのような活動をしている方が生き生きとする自らを自覚しており、「お寺オタク」と自称されていた。一度「ビハーラオタク」と自称されたこともあるが、時をおいて再度確認したところ、「ビハーラオタクじゃない、お寺オタクだ」と訂正されたことが印象的である。仏教への信仰が活動の根本にあるということだろう。

また、藤井会長の活動姿勢の根底には、戦争で失われた命への思いがあったように思われる。藤井会長は、浄土真宗本願寺派が毎年九月一八日に、「宗門として、悲惨な戦争を再び繰り返してはならないという平和への決意を確認するため」、東京・国立千鳥ヶ淵《ちどりがふち》戦没者墓苑において修行している千鳥ヶ淵全戦没者追悼法要に身体の調子が許す限り、毎年参加されていた。一九四三年に始まった学徒動員によって、十分に修学できなかった世代であること、なぜ自分が生き残って、彼らの命が失われたのか、いつも忘れることはできない、と折に触れて話されていたことが思い出される。

†「自分がしたいからする」――藤井会長にとってのビハーラ

藤井会長にとってのビハーラ活動の意味合いを知るうえで、象徴的な出来事は、ビハーラ活動の会の立ち上げの際に「奉仕専門チームを立ち上げてみては……」との提案があった時の対応であろう（藤井睦代「仏縁とビハーラ活動に想う」、清岡隆文・藤井睦代・吾勝常行《あかつねゆき》『お盆にあうこころ』本願寺出版社、二〇〇〇）。

この提案は、「会員が介護二級程度の資格を取って有資格者として活動する」との趣旨だったが、藤井会長はこの提案を聞いてその場で断ったという。そして、「どうしても資格取得をしろというのなら、自分についてきてくれている会員を引き連れてこの活動から一切手を引く」、とまで言い切った。この会のビハーラ活動は「介護の専門家」ではなく「ただの主婦」「素人がすること」「手仕事をしながらの傾聴」であることに意味があると考えていたからである。

調査者として本格的に関わり始めたばかりのころ、三次市でお会いしてお話を伺ったが時間切れとなり、別れた後のことである。数日後、「明日会える？　いくつか誤解があってはいけないことがあるから、直接会って話したい」と電話をかけてきてくださり、「大丈夫です」と返事をすると、藤井会長は、単身広島より京都に駆けつけ、宿泊されていた宿の一室でじっくりと事情とその背景にある思いを聞かせてくださった。その時の大事な話題の一つが、上記のエピソードであった。当時、八七歳だった藤井会長のフットワークの軽さに感嘆するとともに、その思いの強さがしのばれる。

藤井会長がビハーラ活動の際に注意せねばならないこととして、繰り返し述べられていたのは、「してあげる」ではなくて「させていただく」という気持ちで取り組むことである。「専門家ではなくて、「ただの主婦」である自分たちが「いかがですか」と声をかけることで変わることもある」「傾聴ボランティアというのは、何かしながら手仕事しながら「いかがですか」という方が話せる。ただ病院に行って（何も仕事をしないで）「いかがですか」というだけでは話す人はいない」という藤井会長の言葉が活動の核心を示している。

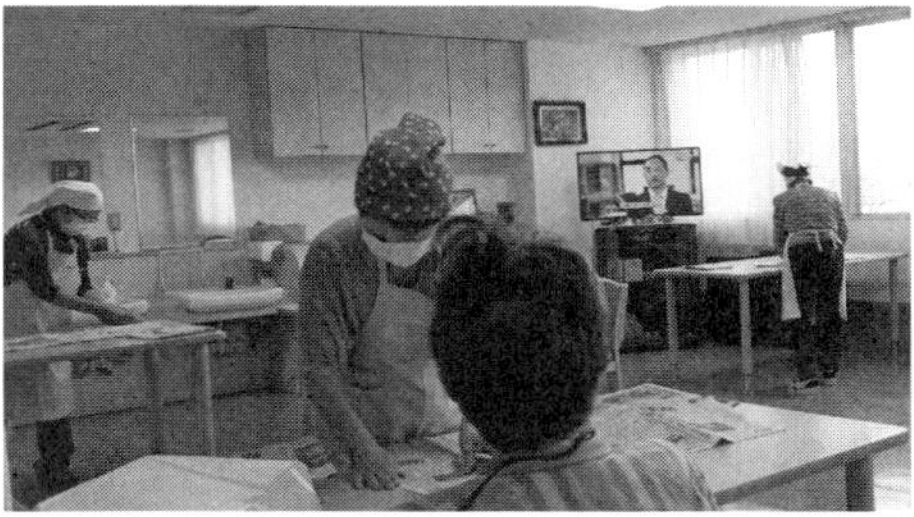
「手仕事しながら」ビハーラ活動の様子

また、藤井会長が活動に取り組む中で大切にされていたのは、ご縁、つながりを大事にするということであった。ビハーラ活動はボランティア活動であるため、「自分がしたいからする」が根本である。藤井会長ご自身は、そのモチベーションとして、様々な方との縁を大切にされていた。活動の中では患者さんだけでなくそのご家族にも出会う。これらの出会いを大切にし、患者さんが病院から去られた後も手紙などでご家族とのつながりを続けている例も少なくない。

筆者もつながりから大きな縁を受け取った一人である。藤井会長が亡くなられる一週間前、当地域の方から危篤との知らせを受け、数日後、入院先のビハーラ花の里病院へ二人の子連れで訪れた筆者に、ベッドから起き上がることもできない容態の中、藤井会長は「個性的な顔している子たちだから大変だろうけど、（子育ては）適当に気を抜いてやっていきなね」とまず励ましてくださった。

このような時にも相手を励ますお姿には「ありがたい」という気持ちが自然に沸き起こり、藤井会長のつながりを大切にする徹底した姿勢の持つ力を受け取らせていただいた。筆者が門徒であれば「南無阿弥陀仏」としか言えないという状況だろうと思う。また、その時に苦しい息の中、「もっと早くに会いたかった」と言ってくださったことには、申し訳なさとともに、藤井会長をはじめとする仏婦の皆様の活動をしっかりと伝えていく使命を受け取ったのである。

他の活動会員とのつながりも大変重視しておられ、活動後には毎回必ずといっていいほどお礼のハガキを一人ひとりの会員に書き送るなど密な関わりを心がけていた。もちろん、事務局を担ってくれる寺院の僧侶の方々との関わりも大事にされていたし、この活動の根底には病院を設立した「法正寺前住職との約束がある」とも語っていた。

本章では割愛するが特に専正寺前住職とは二人三脚でこの活動を立ち上げ、持続させてきたのである（猪瀬優理「仏婦がつくる地域」櫻井義秀・川又俊則編『人口減少社会と寺院』

法藏館、二〇一六参照)。これらは、お寺に関わる活動(仏婦、ビハーラ、コーラス)で出会った人々とはつながりを続けたいとの願いからであった。

藤井会長は毎週当会の活動に参加し、参加者にハガキを書くといった活動の他、イギリスのホスピスに資金援助の目的で送付する切手の管理・郵送や総会時のお接待(役員・来賓全員にお抹茶を振る舞うなど)など、多くの活動を行っていた。このような働きは誰にでもできることではなく、藤井会長がご逝去された後は、これらの活動をすべて引き継ぐのではなく(例えば切手送付は停止した)、できることをできる形で行っていくことが現会長、事務局の間では確認されている。

†活動会員、地域住民にとってのビハーラ活動

各班の班長には、藤井会長の後を継いだ現会長のように、藤井会長と同様に四半世紀にわたりこの活動に携わり、支えてこられた方も多い。古参の会員も新規に関わっている活動会員も、その多くはご門徒や坊守などの女性であり、ビハーラ活動に参加したきっかけの多くは、寺院に所属していたため、住職や他の仏婦から誘われたことである。

しかし、任意団体なので、寺院を通じて活動に参加するといっても、強制や義務ではなく、各寺院の仏教婦人会に所属しているからといって、このビハーラ活動に参加しなければな

らないということはない。つまり、それぞれの会員によって動機やきっかけの内容は異なるが、各自が何らかの形でビハーラ活動に心惹かれるものがあり、活動に参加することを決めている、ということなのである。

父親を病気で亡くしたことを機にこの活動に参加する気持ちになったある参加者は次のように語った。

「まだ活動を始めて一年ほどだが、法話の後、病室に向けて患者さんの車いすを押しながら、法話の内容から八〇歳も過ぎた患者さんがお母さんを思い出したと語られるのを廊下で聞かせていただきながら、八〇歳を過ぎても母親のことを思う気持ちを思いながら、ビハーラとはこういうことなのか、と実感した。」

このような活動がこの地域において長年の間なされていることは、活動に直接参加していない人にも、三次市周辺の地域に住んでおり、単位寺院の仏教婦人会などお寺の活動に関わっていたり、ビハーラ花の里病院に入院した家族・知り合いなどがいたりすれば、自然と知られていくことになる。

ある女性は、これまで勤めに出ていたため出てこられなかったが、仕事を減らしたのを機に、活動に参加するために意識的に水曜日に仕事を入れないようにしたという。この方はその時が初めての参加だったにもかかわらず、「この活動は大切なので、次の世代につないでいかないといけない」と話してくれた。藤井会長も「最近は勤めに出ている女性も増えてきていて、今は活動に参加できないけれども、退職したら参加させてほしいと言ってくれる人もいる。嬉しいことだ」と語っていた。

つまり、実際に活動に参加していなくても、地域の病院において地域の門徒女性、また僧侶たちが重要な活動を続けていることを地域の人々が認識しているということである。これは、三次市の地域自治体と行政との意見交換会において、「地域のつながりがある」「地域活動やボランティアが盛ん」であるとコミュニティのあり方に高い評価がなされていたことの根拠の一つともなっているだろう。

4 県北仏婦ビハーラ活動の会の意義

†「仏教信仰の有効性を発揮した活動」とは?

当会についての先行研究では、当会の活動が補助的な単純作業を繰り返しているだけで、入院患者のこころのケアとしては十分機能しておらず、臨床における積極的意義はないのではないか、との指摘がある（深水顕真《ふかみずけんしん》「ビハーラ活動の現状と課題」『廣島法學』二五〔二〕、二〇〇二）。

しかし、活動自体の効用としては、看護師や介護士が担うはずだった業務を請け負うことで、専門職はその労力を削減でき、間接的に専門職による患者ケアを助ける機能があることは間違いない。

また、たとえ語り合える時間が少なくとも、外部から訪ねてきてくれる人の存在があることは、入院患者の孤独感を和らげる効果があると思われる。筆者が活動に参加した際に、仏婦の方の活動の様子をずっと見つめていた患者さんがおられた。呼ばれたのでお話を伺うと、作業している仏婦の方々を見て、「ずっと知っている。大丈夫」と嬉しそうに繰り返された（実際には知人ではなかった）。しかし、知っている人が来ていると嬉しく思っておられることは伝わってきた。

活動会員自身にとっての意義について、藤井会長は「（ビハーラ活動は）患者さんのためじゃないよ、自分を元気にするために来るんだよ」と会員に呼びかけていた。

まず、活動前の事前学習会で健康や介護についての有用な知識を得られること、法話会で自分のお寺以外の多様な僧侶による視点の異なる法話を聞くことのできる機会を得られることは、当会の会員からこの活動に参加してよかったこととして語られる。

また、同じ活動を経験した仲間ができるということにも重要な意義があるだろう。当会のビハーラ活動に参加する女性たちには、活動に共感する人びととの「縁」「つながり」が作られることが実感され、それを大事にする姿勢が形成されている。

先行研究では、今後は臨床において仏教信仰の有効性を発揮した活動を行うべきと提言している。「仏教信仰の有効性を発揮した活動」とは具体的にどのようなものだろうか。

ビハーラに関する先行研究では、「ビハーラ僧」という名称で患者やその家族などとつながりを持とうとする時、「仏教の専門家」であることを前面に出すことは「つながり」の形成に妨げになる場合があるとの意見がある。「何かをしようと思うのではなく、何かをしないでおくことの重要性」「ビハーラ僧は自身の存在を主張する必要はなく、部屋の片隅に置かれた『屑籠《くずかご》』のような存在であることを期待する」＝「仏教者屑籠論」（田宮仁『「ビハーラ」の提唱と展開』学文社　二〇〇七）である。

これを言い換えると一人ひとりと「仏縁」をつないでいくということを重視する姿勢という、非常に見えにくいところに「仏教者」としての「専門性」、「ビハーラ活動」として呼ばれる所以があるということではないか。この点に、藤井会長が「ただの主婦がすること」「素人がすること」「手仕事をしながらの傾聴」を重視していた意味が重なる。

†女性の信仰に基づく活動

四半世紀にわたり広島県三次市で毎週続けられてきた活動は、病院の中での手作業であり、法話を患者とともに聞法《もんぼう》することである。地道で目立たない活動ではありながら、その活動がたゆみなく続けられてきたことによって、地域における助け合いの関係の構築、つながりを目に見える形で意識することが可能になっている。

当会の活動は、仏教婦人会を基盤として行われており、その活動内容も従来の女性の役割の範囲内で行われているものである。当会の活動からは、「仏教者」としてのわかりやすい独自性は見えにくい。女性が病院の仕事の補助をし、宗教的な専門性を発揮できる法話を主に男性僧侶が行うという構図は、一見するとこの活動がこれまでの寺院の性別役割に基づいた活動の延長上にあると捉えることもできる。

しかし、当会の活動の意義は、専門性や宗教性に価値を置くのではなく、従来の性別役割や既存の寺院のつながりや活動を基盤としつつ、それを自覚的に捉え直し、そこにこそ価値を見出してきたところにある。特に、この会を献身的に支え形成してきた藤井睦代会長という一人の女性の取り組みからは、彼女が培ってきた社会へ貢献したいという思い、同じ思いを持つ人びととのつながりを大切にしたいという思いが、仏教寺院の持つ「仏教婦人会」という組織・ネットワークの基盤があったことで、ビハーラ活動の会という形として結実し、継続してきたことを読み取ることができる。

藤井会長の後を継いだ有光千津子《ありみつちづこ》現会長は、ビハーラ活動だけでなく備後教区の評議員など広く仏婦の活動に長年取り組んできた方だが、仏婦活動が自分の「アイディアを実現できる場」であったことを良かったこととして挙げられた。また、所属寺の住職から「（お寺の仕事をすると）育ててもらえるよ」と言われ、「自分はもう育っている」と反発を覚えながらも引き受けた仏婦会長などの役職に、今は「心を育ててもらった」と感じておられる。そして、備後教区の青年僧侶の会・備龍会《びりゅう》が作っている「みのりせんべい」の包装に書かれた「身は食で　こころは法で　生かされる」との言葉を大事に思うと教えてくださった。

このような女性たちの自発的な動機や意思を、地域にとっても重要な意味を持つ継続した活動として結実することが可能になったのは、仏教婦人会という宗教組織の基盤であり、それを裏方として支える男性を中心とした僧侶たちのネットワークでもある。

組織の中で女性たちが持っている意欲や動機を寺院の従来の性別役割分業や伝統に押し込むような形ではなく、これまでの女性の位置づけや意味づけを捉え直し、女性自身にとっての意味のあるものとして変えていく、そのような活動を生み出し、継続していくことの意義や可能性がこの活動から見えるのではないだろうか。

第六章　グリーフケア――亡き人とともに生きる

大河内　大博

1　なぜ今、僧侶がケアを担うのか

†「説く」仏教から「聴く」仏教へ

「現代日本社会」と「僧侶」を結びつけるキーワードとして、「ケア」に注目が集まり始めたのは近年の一つの特徴であり、殊に二〇一一年の東日本大震災以降、飛躍的な広がりを見せている。医療・福祉領域のケアに僧侶が携わろうとする運動の源流は、一九八〇年代に楔が打たれていると見ることができる。と言うのは、「葬式仏教」と日本仏教界や僧侶が揶揄されて久しいが、そのような社会からの批判に応えようとした運動のいくつかが、一九八〇年代にケアの領域で見られるからであり、そのなかの代表的なものに「ビハーラ運動」がある。

「ビハーラ」とは、キリスト教の背景を持つホスピスが日本に紹介され、実践者の多くがキリスト教系である動きに対して、仏教が主体性と独自性を示して僧侶が患者に寄り添う運動を展開していこうと、一九八五年に仏教福祉学が専門の田宮仁《たみやまさし》が提唱した名称・理念をいう。それは、「葬式仏教」という言葉に込められた「僧侶は死んでから用があるもの」という社会的批判のみならず、僧侶側の「病に苦しみ、死にゆく恐怖に向き合う人々に寄り添うことこそ僧侶の役割」との内省から発露した運動として捉えてよかろう。

ビハーラは、日本初の仏教を基盤とした緩和ケア病棟の長岡西病院ビハーラ病棟（一九九三年認可）の誕生とともに、病院、福祉施設、コミュニティケアと一定の広がりを見せ、超宗派の任意団体や宗派などで研修・養成も行われ、草の根的に活動が進展してきた。その中で、東日本大震災を契機に、大量死と向き合い、無常の世、理不尽な人生と向き合わざるを得ない世相を背景として、死者への弔いと生き残った者の大きな悲嘆への関わりが問われ直した。その結果、僧侶自らが人々の痛みに寄り添い、魂の叫びに耳を傾ける実践の必要性を実感し、僧侶の傾聴・対話の研修・養成が二〇一二年ごろから同時多発的に展開するに至った。「ビハーラ運動」の先駆的で地道な活動があったからこそ、現在の研修・養成が速やかに整い、実践にも結びついたと、筆者は考える。

現在、日本スピリチュアルケア学会による資格認定制度「スピリチュアルケア師」（指導・専門・認定の三種がある）を取得する宗教者や、（一社）日本臨床宗教師会による「認定臨床宗教師」、（公財）全国青少年教化協議会・臨床仏教研究所による「臨床仏教師」認定を受けている僧侶が誕生し、その養成も年々広がりを見せている。被認定者は、寺院や地域の活動の他、ボランティアによる医療・福祉現場での実践活動などを行っており、徐々に雇用されるケースも報告されてきている。

臨床仏教師養成プログラムの様子

しばしば、「僧侶は説法の訓練はされて話好きだが、人の話を聴くのは苦手」と言われ、だから、僧侶の傾聴トレーニングが必要だとする主張に出合うことがあるが、そんなに単純な話ではない。なぜなら、今、社会から問われているのは「聴き上手」かどうかではないからである。「聴き上手」でよければ、スキルでどうとでもなる。うなずき、はげまし、要約、効果的な質問法……、これらは、スキルで体得可能である。

今日的に僧侶が向き合うことを求められているのは、声にならない声、言葉に紡ぎ得ない嘆きがそこに〝ある〟ということに呼応し、その声、嘆きを洩らさない器を持ち得ているか、という「聴き洩らさない」僧侶かどうかであり、加えて、その言葉を紡ぐ「場」の創造者であるかどうかなのである。そのためには、他者の痛みに敏感でなければならず、逃げない覚悟が求められ、痛みの中にある人々と「出会う」ための他職種との協働が不可欠となる。それらは、スキルではない。向き合う側の姿勢が問われ、生き方が問い直されているのである。

今、僧侶が新たに取り組もうとしているケア領域への挑戦は、僧侶自身のあり方を自発的かつ批判的に捉え直しつつ、社会の中で声なき声の言葉が紡がれゆく場で、その言葉に耳を傾けるに足り得る存在であるかどうかの審判に応えようとする運動なのであろう。

†「ケア」の人文知

本章で取り上げるグリーフケア（grief care）とは、日本語では「悲嘆ケア」と訳されることが多く、私たちが大切な人やものなどを喪失（loss）した時に生じる様々な情動や日常の不都合に対するケア・サポート全般を指す。グリーフケアが対象とする喪失は、死別経験だけでなく、離別、離婚、人間関係の破綻、リストラ、健康や身体の一部の喪失など、様々な喪失を含む。いわば、生きていく中で起こる様々な「思い通りにならない現実」は、何かしらの喪失を伴っているので、どのような苦しみに対するケアもグリーフケアと言えなくもない。

ただ、日本では、グリーフケアと言えば、「死別の痛みへのケア」として一般化している傾向にある。本来、死別経験へのケアを指す用語としては、ビリーブメントケア（bereavement care）という言葉があるが、本章では、一般化している大切な人を亡くした死別経験に関わる痛みへの寄り添いやサポートとして取り上げたい。

また、グリーフケアの「ケア」には、医療的介入や心理臨床的介入、ソーシャルサポートなど、その範疇にも広がりがある。本章では、僧侶が取り組む上で、付加されるケアの技の話ではなく、「亡き人の所在」に光を当てた生き方を主としたい。その照射は「亡き人の所在」をご遺族がどのように訪ねていくかという旅路を話題とすることになる。その旅路の語りに見られる宗教性やスピリチュアリティ、死生観といった人文知としての「ケア」に主眼を置く。

†「葬式仏教」の再考

「亡き人の所在」は、宗教にとって最も重要な話題の一つであり、葬儀という儀礼は、死者の行き先を指し示す儀礼でもある。つまり、「葬式仏教」と揶揄されてきた日本仏教は、実はグリーフケアの最前線にいたはずである。その言葉に込められているように、僧侶が生前に人々から必要とされていなかったとすれば、それは寂しく、本来の仏教の姿ではないが、仮にそうだったとしても、儀礼（例えば、枕経《まくらきょう》・通夜・葬儀・中陰《ちゅういん》法要・年忌《ねんき》法要など）を通じて死別直後の一定の期間に遺族に出会い、寄り添うべき場に同席しているわけだから、何も批判ばかりされるものではないはずである。

しかしながら、自己反省も含め、長く僧侶はそのことへの自覚を欠き、儀礼遂行にのみ傾注していたと言わざるを得ない。そして、儀礼の場は多くの人にとって「非日常」であるが、それが「日常」となってしまった僧侶が深い自戒なしに振る舞ってしまってきたところに、グリーフケアの最前線にいるはずの働きが発揮されてこなかったのではないだろうか。

その猛省の上で、僧侶がグリーフケアに携わるということは、新しい領域の開拓ではなく、むしろ、本来の僧侶の役割を再認識することで取り戻されなければならない。「儀礼」というハードが果たしてきた重要な意義を再確認しつつ、死別直後の「非日常」を生きる人々との「対話」というソフトを僧侶が自身の姿勢・生き様として内省から導き出すことが、現代社会におけるグリーフケアに取り組む僧侶の立ち位置である。

2　亡き人との共生の物語を生きる

†亡き人を「語ること」

精神科医の小此木《おこのぎ》啓吾《けいご》の著書『対象喪失』に、次のような言及がある。

愛する人、頼っていた対象を失ったわれわれは、ただ一人、自分の心の中だけでその思い出にふけり、心を整理しようとすればするほど、その思慕の情はつのり、対象がいま、そこにいない苦痛は耐えがたいものになる。絶望と孤独、さみしさでいっぱいになる。そしてこの苦痛から救われる一つの道は、死者への思いを誰かよい聞き手に語ることである。悲しみをともにし、怨みつらみを訴え、死者への自責やつぐないの気持ちをわかち合ってもらいたい。こうした喪の仕事の伴侶となることこそ、古来からの宗教家の基本的な天職であった。（小此木啓吾『対象喪失』中公新書、一九七九）

この言及からも、本来的に僧侶がグリーフケアの最前線であることが読みとれるが、小此木がいう「よい聞き手」であり得ているかということが、現代日本社会の僧侶に問われているということである。

では、「よい聞き手」とはどのような条件づけがなされるべきであろうか。先述したようにここでいう「よい」は「上手」を指しているわけではない。しばしば、ケアには受容と共感が大事であるとされる。これはそのまま「よい聞き手」の条件ともなり得よう。しかしながら、受容と共感もまたスキルではない。それは聞き手の姿勢そのものであり、目の前の他者との間で生成される関係性が織りなすものである。

まず、姿勢とは、「あなたはあなたのままでよい」「あなたは一人ではない」というメッセージを有することが大切である。そして、そこから紡がれる関係性は、傍に居るのではなく、ともに在ることが互いの中で感じられるかどうかの「場」の厳粛性が問われてくる。「語ること」は、語り手が語った瞬間から「私のこの想いを知ってくれている他者がこの世界に一人誕生した」という厳粛な営みを内包する行為である。つまり、「語り」を通して、「今、ここ」を共有することで、「一人ではない」世界を生きるようになる。受容と共感とは、その厳粛な「場」がともに創造され、共有されたという実感性を拠り所としなければならない。「よい聞き手」とは、何かができること（Doing）をいうのではなく、どう在ってくれるか（Being）が肝要であるということなのだ。

†「不可視な隣人」を語る

小此木の指摘の中でもう一点再考すべき重要な点がある。それは「死者への思い」を語るということである。批評家で自身も死別経験のある若松英輔は、現代日本社会における死者への態度について、次のような問いかけをしている。

現代は、いつからこんなにも死を饒舌に語り、死者に沈黙するようになったのか。また、死者を語る者の言葉を、そのままに聞くことにためらいを感じるようになったのか。(若松英輔『涙のしずくに洗われて咲きいづるもの』河出書房新社、二〇一四)

長く日本社会には、死をタブー視するきらいが見られ、死にまつわることを公に語ることは避けられてきたところがあった。だが、超高齢社会に突入し、「終活」という言葉が一般化する中で、「死」が必ずしも暗いイメージだけのものではなく、最期までピンピンしてコロッと死んでいく「ピンピンコロリ」のピンコロ信仰のような砕けた物言いも加味されて自由に語られ出し、タブー視は過去のものになったように見受けられる。でも、本当に私たちは真剣に「死」と向き合っているのであろうか。そのことを問い直すために、私たちは「死者」をどう語っているだろうかと自問するのは有効な手段であろう。若松は、「死者」を語ることをしない、させない世相に一石を投じる。それは言い換えると、「死別の痛み」を封印している社会に対する警鐘ではないだろうか。若松は大切な人を亡くした痛みについて、次のように吐露する。

愛する人を喪い、嘆き、悲しむ。だが、その時私たちは同時に、亡き人を近くに感じているのではないだろうか。悲しいのは、相手が永遠に消え去ったからではなく、傍らにいるように感じられるにもかかわらず、その姿が見えず、この手にふれ得ないからではないだろうか。(若松、前掲書)

大切な人ともう一度会いたい。話したい。あの日の日常が恋しい。でも、遠くではなく、近くにいる確かな感覚。彼はこの「死者」を「不可視な隣人」と名づける。

ことに身内、あるいは親しい人を喪った経験を持つ者にとって、死者とは、失われた存在であるより、姿は見えないが、以前に比べ、より近くに感じる、いわば不可視な隣人なのではないだろうか。(若松、前掲書)

この「見護られ感覚」は、私たちを大いに安心させてくれる。一方で、会いたいという思いが、その不可視性故、一層大切なその人の「不在」を同時に突きつける。だから私たちは、本来的に亡き人に沈黙するのではなく、日常の中で亡き人に語りかけることを繰り返すのではないだろうか。

✝亡き人との「出会い直し」

読者の方々は、日々の生活の中で、大切な亡き人とどんな会話をされているだろうか。心の中で話しかけているだろうか。写真にだろうか。お仏壇や遺骨にだろうか。夢の中で話せることを期待しながら眠りに就く人もいるかもしれない。悲嘆は極めて個性的なものである。その表れ方、表現、折り合いがつくまでの時間。

それらは、まったくもって個別的かつ個性的であり、正解も不正解もない。一般的に悲嘆は、病気ではなく、自然な反応である。亡き人に語りかけるという営みも、当てはまる人もいれば、そうでない人もあるだろうが、応答のない相手のことを、思い出したり、語りかけたくなったり、「きっとこう言うだろうな」と想像してみたりと、不在であってもつながっている感覚を有している人は少なくないだろう。

それら「亡き人に対して」語りかけることに、他者たる聴き手が現れた時、私たちの営みは「亡き人について」語ることに場面転換する。傾聴がケアとして意味を持つのは、このパラダイムが重要なポイントとなる。このことをロゴセラピー（logotherapy）では、「自己距離化」という。

例えば、何か悩みや辛い状況に陥っている時、そのことで、体も身もいっぱいいっぱいになってしまう。だが、少しそのことから距離をとることができれば、「ああ、思っていたよりもそんなにたいした問題じゃないかもな」と、ゆとりのようなものが出来ることがある。そのゆとりを生む良い方策が、「語ること」である。「語ること」で、大切な人を亡くした困難や辛い感情との間に「距離化」がはかられ、悲しみの度合いや色合い、日常生活の困難さが、解決はしなくとも、何とか抱えていけるもの、というパラダイムを生むのである。「話すこと」は一旦「放すこと」でもある。

そして、「亡き人について」語る時、私たちはその都度、亡き人と「出会い直し」をする。夫を亡くされたある女性は、夫への想いを吐露しながら、「主人の良いところしか思い出せない。でも、主人もそんな立派な人ではなかったんですよ（笑）。いっぱい喧嘩もしましたけど、こうして主人のことを話していると、良いことしか出てこないんです」とお話しされた。このように表現する方と多く接してきた。

僧侶、体験通じ心のケア

父みとり 味わった悲しみ、喪失感

終末期のがん患者に寄り添い、グリーフ（悲嘆）ケアに取り組む浄土宗僧侶、大河内大博さん(39)＝大阪市住吉区＝が、父親をがんで亡くし、みとった「体験」を語り伝えている。自身の喪失体験を明かすことで、より実感を伴ってケアの大切さを伝えられると考えたからだ。「亡き人を忘れ去るのではなく、もう一度関係をつむぐこと」。生前、活動を応援してくれた父への思いを胸に、講演に臨んでいる。（小野木康雄）

大河内さんは願生寺の住職を務める良廣さんの跡取り息子として生まれ、9歳で得度。法政大在学中の平成13年、僧侶が常駐する長岡西病院（新潟県長岡市）で、終末期のがん患者に寄り添う活動を始めた。話を注意深く聴く「傾聴」によって、生死の苦悩を和らげる。そうしたケアを実行し、探究してきた。

病院で活動する僧侶の先駆者として評価され、21年に浄土宗平和賞を受賞。勤務先が研究機関から医療法人に移った直後の昨年8月、良廣さんが病魔に侵された。膵臓がん。「治療という選択はない」と告げられたほど、余命いくばくもなかった。

告知後、良廣さんは泣いた。そして、亡き後に住職を継ぐことになる息子に向かって言った。「大学院をやめるな」

■最期まで応援

大河内さんは博士号の取得を目指して28年、大阪大大学院人間科学研究科に進

グリーフケア 身近な人との死別などによって生じる深い悲しみや喪失感を支えること。グリーフは主に「悲嘆」と訳される。精神的なショックに加えて体調不良に至るケースがあり、専門職によるサポートが必要なケースもある。平成17年のJR福知山線脱線事故で広く知られるようになった。

グリーフケアについて講演する大河内大博さん＝1月、京都市下京区の佛教大四条センター

寄り添い 伝え続ける

『産経新聞』記事一部（2018年3月5日夕刊・無断転載禁止）

筆者も二〇一七年九月に父を亡くしたのだが、父の部屋のカレンダーがその月のままになっている。まるで時計が止まったような感覚が今なお続く。それでも、心の中で対話したり、夢の中に出てきてくれたり、「父ならどうするだろう」と自問したりしながら、生前の父の生き方、言葉を思い起こすたびに、父と出会っている感覚もある。その父は、生前よりも偉大である。でも、実際は、父に反発したことも多々ある。不思議と亡き人は、死後も変化をもって生き続ける。「語ること」によって、生前と違った亡き人と「出会い直し」をし、そこに今もともに生きていることの実感が湧き上がってくるのであろう。

†「悲しみ」という尊厳

死別後を生きるということは、混沌とした状況を生きるサバイバルであり、「悲しい」や「辛い」といった単純な言葉で表現できるものでもない。だからこそ、語る「場」が必要である。日常の混沌とした行ったり来たりする感情などを、そのままに表現し、「会いたい」という本音と「会えない」現実世界との往来を「語ること」によって折り合いつけることを積み重ねていく営みが、悲嘆に向き合う作業となっていく。それは、悲しみを癒すとか、涙しない日々を取り戻すとか、立ち直るといった回復志向ではない、「ありのまま」に生きようとする人間の崇高さに目を向けるものである。

だが、世間は時に、無慈悲に亡き人のことを忘れ去ることを迫ってくる。「思い出して泣いてばかりいないで、気晴らしでもしたら」と言ったように。たとえ「元気になって欲しい」というメッセージがあったとしても、その根底に元通りになることを促す回復志向がある限り、死別の痛みのただ中にある者にとって、他者からの励ましは存在を脅かす危険な刃物ともなる。なぜならば、ご遺族は、忘れたいと思っているわけではなく、むしろ亡くした痛みそのものが自分の内に有ることが、亡き人が確かに居たことを証明し、そして、今ここでともに在ることを確証してくれるものであることに気づいているからである。

事故で息子を亡くされたご遺族の手記に「私は、悲しみは乗り越えるのではないと思っている。亡き人を思う苦しみが、かき消せない炎のようにあるからこそ、亡き人とともに生きていけるのだと思う。」（美谷島《みやじま》邦子『御巣鷹山《おすたかやま》と生きる』新潮社、二〇一〇）という一節がある。

社会学が専門の金菱《かねびし》清は、東日本大震災で死別経験をした被災者の「記録筆記法」によるセルフヘルプケアの特徴として、痛み（罪悪感など）を取り除くのではなく、むしろ温存し、その中で亡き人との関係性を継続してゆく生き方があることを示し、その生き方の術を「痛み温存法」と名づけている（金菱清『震災学入門』ちくま新書、二〇一六）。取り去るものではなく、温存していくという生き方は、先の手記にあるように、亡き人とともに生きていく生き方となる。それは荒々しいものではなく、「悲しみ」そのものが尊厳を持って大切にされていく神聖なものである。

悲しまなくなるのではなく、「悲しみ」そのものに尊厳が与えられる時、ご遺族のなかの亡き人にもまた、新たないのちの息吹が吹き込まれる。

†亡き人との「継続する絆」

このような痛みを温存し、悲しみの中に亡き人を感じる生き方は、生前の「私とあなた」を超越した一体的な共生のいのち観を宿しているように感じられる。それは仏教でいう「同行二人」の姿でもある。

そもそも、亡き人とともに生きる日本人の生き方は、「継続する絆」理論を提唱する宗教心理学者のデニス・クラスによって世界に紹介されてきた(Klass,D. "Grief in an Eastern Culture: Japanese Ancestor Worship." In Dennis Klass, Rhylis R. Silverman and Steven L. Nickman(eds.), *Continuing Bonds: New Understanding of Grief*. Routledge. 1996. など)。

「継続する絆」理論とは、私たちが亡き人へ生前と同じように愛着のエネルギーを傾けるのではなく、「もういない」ということを受けとめ、そのエネルギーを亡き人から撤収し、他へ向けることが望ましい営みであるとするフロイトを中心とした理論に対し、私たちはそれほど簡単に亡き人への愛着・愛情を撤収することなどはできず、むしろ、亡き人の価値観や趣味・嗜好を自身の人生に組み入れるなどして、関係を新たにしながら継続している絆に着目すべきとした理論をいう。

クラスは、一九七〇年代以前の日本人の祖先崇拝を紹介した文化人類学者のロバート・J・スミスの研究成果(『現代日本の祖先崇拝(上)・(下)』御茶の水書房、一九八一、一九八三)から、日本人がお仏壇を大切にし、生前好きだったものをお供えしたり、語りかけたりすること、同じようなことをお墓参りでもすること、お盆にご先祖さまが帰ってくるといった信仰、宗教的文化を紹介し、大切な亡き家族がまるでそこに「居るがごとく」生活しながらも、決して不都合なく暮らしていることを事例に、亡き人との絆が継続するのは重要なことだと発表したのである。

現代社会では、儀礼や文化も変化してきており、伝統的なお仏壇やお墓を持たずに、自由なデザインやコンセプトでお祀りする「手元供養」という言葉が生まれ、その関連産業も発展し、亡き人との絆の形も多様化しているように見受けられる。

例えば、遺骨への態度も、現在は多様化し、ペンダントなどで持ち歩く人も増えてきている印象を持つ。実際、筆者が遺族会などで出会うご遺族には、遺骨を身につけている人も少なくない。持ち歩いてはいなくとも、遺骨が非常に大切な継続する絆のシンボル性を有し、どのように祀るかといったトピックスは、よく話される話題である。

こうして、内的心理的な痛みや遺骨や遺品などの外的物理的なものを大切にしながら、見護っていてくれている感覚やともに居てくれている実感を保つことで、亡き人は、生きていた時の他者とは装いを変えて生き続ける。

3　仏教とケアの現在地

†お寺の場の開放

亡き人との絆の強弱や性質を実感する機会は日常にちりばめられているわけだが、死者を弔う場、供養する場は、有無を言わさず、残された私の今に強烈に迫ってくる場である。つまり、葬式仏教を積極的に解釈すれば、そこには「死者」が中心として生き続けていると捉え直すことができる。

その「死者」が過去の誰かではなく、大切な人を亡くしたご遺族にとっては、今ここでつながり続けている存在であり、「継続する絆」を持ちながらともに生きている存在であることに思いを致すことが、現代的な儀礼を見直すきっかけとなるであろう。先述したように儀礼を司ってきた仏教がグリーフケアの最前線であることの意味は、儀礼が亡き人との新たな絆を紡ぐために不可欠な「場」となる可能性を有しているところに、定期的に関わり続ける伝統を保ってきたからである。

ただ、その儀礼の形も目まぐるしく変化する。本来、節目として機能していたであろう法要は簡略化される傾向にあり、そもそも、宗教者を必要としない選択も増えてきた。儀礼だけをしてきたのではと批判されてきた僧侶は、その儀礼さえもままならない危機的状況であるとの認識を持たざるを得ない。それゆえ、様々な社会実践が隆起し、お寺を出た活動、お寺を開放した実践が見られるようになったのではなかろうか。グリーフケアに携わる僧侶の実践も、そのような視点で見ることができる。

筆者は二〇〇一年から病床訪問を開始し、二〇〇六年から遺族会のファシリテーターを務めてきた。二〇一二年に「いのち臨床仏教者の会」を仲間と立ち上げ、現在、大阪市東淀川区の崇禅寺《そうぜんじ》を会場に遺族会「ともしび」を、筆者の自坊である大阪市住吉区の願生寺《がんしょうじ》を会場に遺族会「てのひら」を、それぞれ月一回ずつ主催している。お寺を会場とすることのメリットとデメリットが考えられるが、亡き人について語り、亡き人と出会い直す場として、お寺がその役割を担うのは自然なことであると考えている。

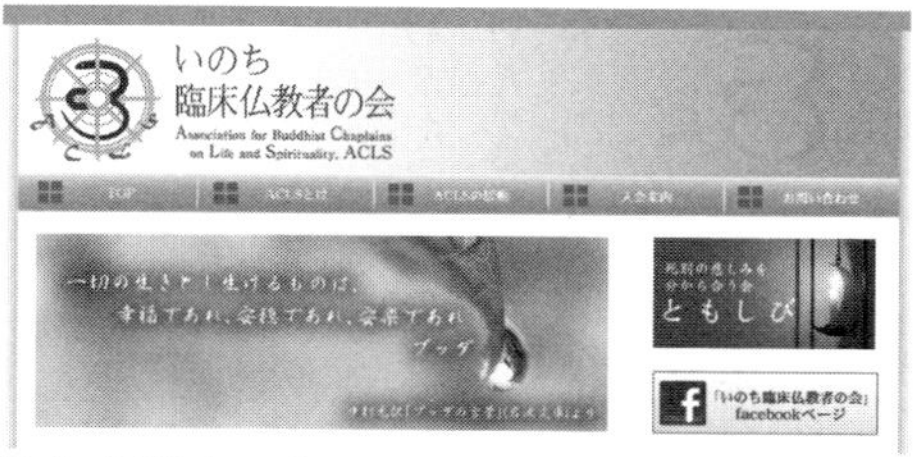

筆者が副代表の「いのち臨床仏教者の会」ホームページ

†ギアチェンジとしての「ホーム」&「アウェイ」

こうした僧侶による「場」を開放した遺族支援は、自死遺族支援や地域での実践など、地道に活動がなされてきた結果として、東日本大震災後に「震災後を生きる人々」への関わりから、僧侶によるグリーフケアの実践がより関心を集めることとなった。そこで問われたのが、僧侶の「臨床力」である。「寺院」という閉鎖された中で有効であっても、社会に出れば何の役にもたたないものでは意味がない。社会に出て、他分野との協働が可能な力を身につける必要に迫られている。

こうした「臨床力」を説く際、「ホーム」と「アウェイ」という表現で説明されることがある。つまり、「寺院」という「ホーム」ではなく、被災地や病院や地域といった「アウェイ」で、どれだけ必要とされるか。「アウェイ」では、教義や儀礼が即時的に通じるものではなく、むしろ敬遠されるかもしれない場において、そして、それぞれの領域のプロフェッショナルとの協働力が試される、といった「場」の設定論をいう。

確かに、筆者も二〇〇一年から病床訪問を開始し、公立病院でケアプロバイダーとして勤務した経験を持つ者として、「アウェイ」たる病院は、「ホーム」であるお寺とはまったく同じというわけにはいかない。そもそも、日本では「ホーム」のユニフォームである僧服を着てでは、病院内で、ましてや職員として働くことは極めて難しいのが現状である。むろん、布教目的でチーム医療の一員として、公立病院に雇われることはあり得ない。しかし、一対一の患者との対話を重ねていくと、たとえ公立病院であったとしても、患者の信仰や価値観から、筆者に対して「僧侶」としての対話や救いを求めてこられる場面が現れてくるのは、自然な流れであった。

筆者の寺で開催している遺族会「てのひら」の概要

逆に、「ホーム」であるお寺での法務の場面においても、お説教ばかりではなく、檀信徒の話にしっかりと耳を傾ける場面は当然に多くある。問題は、話を聴き終えた後、その着地点が、僧侶側の理屈（教義や価値観など）ではなく、檀信徒側の思いや信念の側にあるように関われているかどうか、なのである。冒頭で述べたように、僧侶が実践するグリーフケアとは、新しい試みではなく、長く伝統の中で担ってきたものであり、つまり、「ホーム」の中で、「よい聴き手」となって、大切な人を亡くしたただ中にある檀信徒のありのままを受けとめる関わりを通して、グリーフケアを行ってきたのである。

そう考えていくと、現代日本社会の中で機運が高まりつつあるケアの担い手としての僧侶とは、「場」として、お寺以外の領域で働くだけでは意味がない。今、求められているのは、「ホーム」（お寺）の中で、自身の教義や教学に当てはまらない多様な死生観、亡き人についての語りに耳を傾ける臨床力と、「アウェイ」（病院や地域）でも、協働力を身につけながらも「僧侶として」関わることなのであり、いわば、ギアチェンジする感性を磨くことが、現代的僧侶の新たな資質として問われているのである。

†埋もれたニーズを掘り起こす

とは言え、僧侶にとって「アウェイ」である病院や遺族会に関わることは、やはり高いハードルである。宗教そのものに対する不信も一九九五年のオウム真理教地下鉄サリン事件以降まだ尾を引く中で、「布教をされたら困る」という敬遠もあるし、「死」を連想させる僧侶は縁起が悪いものとして遠ざけられる傾向も色濃く残る。そして何よりも、現代社会において、「僧侶を呼んでくれ」というニーズがあがらない、ということに目を背けてはならないだろう。

医療現場などに僧侶が関わることが増える傾向にあるが、それを可能にしているのは、一部の医療者の協力であろう。医療者の中には、現代の「死の医療化」に対する違和感を持つ人も少なくなく、「死にゆくということ」や「死後のこと」、また大切な人を看取る家族のグリーフなどについて、医療だけでは立ちゆかないことに気づいている人も多く出てきた。そのような医療者から、僧侶への働きかけがあれば、僧侶は入っていきやすい。

一方で、僧侶が医療に関わることに否定的あるいは関心がない医療者は、「患者からそんなニーズを聞いたことがない」と口を揃えて言う。「医療に関わりたいのは僧侶側の自己都合」という批判もある。確かに、医療現場などに出向いていこうとする運動の中には、仏教界や僧侶側の反省的態度が込められているわけで、それを「自己都合」と言われても、全面反論できない厳しい側面もある。ただし、筆者が経験から述べることができるのは、「ニーズはないのではなく、埋もれている」ということである。

社会が「専門分野化」した今、私たちは自身のニーズを要求する相手が、それに応えるにふさわしいかどうかを判別して主張する。つまり、医師には「死後」のことは尋ねないし、お墓の心配も話さない。そのニーズは「ない」のではなく、病院という場においては「埋もれている」のである。実際、筆者の臨床経験上、「お坊さんに来てほしい」と患者からニーズがあったのは、本当に僅かであるが、カウンセラーとして訪室した筆者がお坊さんだからといって追い出された経験は一回もない。よくあるのは、会話が一段落したところで「それで、大河内さんの本職は?」と聞かれ、「僧侶です」と答えると、「やっぱりね」と笑みをこぼされる。すると、自然と、宗教者へ向けた話題となっていく、というシーンである。

積極的に僧侶が求められているわけではないかもしれない。長く「葬式仏教」と揶揄されるに至ってしまった中で僧侶側が蒔いた種でもある。だからといって、人々の中で、宗教的な問いやスピリチュアルな関心がなくなったわけではなく、その対話者として、僧侶と話をすることまで拒否された社会ではないのである。ニーズはないのではなく、埋もれているからこそ、今、僧侶が、様々な臨床現場に出向いていくことが重要と考える。

†「伴走者」として同行する

ニーズ論についてグリーフケアに話を戻すと、筆者が以前ファシリテーターを務めていたある遺族会では、子どもを亡くしたグループに毎回参加されていたご遺族から、「私たちのグループのファシリテーターは宗教者の方にお願いしたい」という要望があった。その真意は、子どもに先立たれた親御さんにとって、子どもは今もどこかで生きており、また会うことが叶うのだ、ということを信じ、希望として生きておられる。だからこそ、そのような死生観が、自由に語られ、見守られる場の「立会人」として、ファシリテーターには宗教者がいてほしい、ということであった。

そのニーズには、特定の教えを説いてほしいという教化関係ではなく、日々の生活の中に感じる亡き子の息吹、死後の再会を希望に生きる、死別後の物語を語る道程に同行してほしいという対話関係への誘いがある。僧侶の「私の信仰」を語らずとも、生き様としての信仰がご遺族に伝わった時、ご遺族は自然と僧侶を「対話者」として自身の世界観に受け入れ、亡き人との物語を語り始めるのであろう。その物語の証人として受け入れられた時、僧侶の語る信仰がまた、ご遺族の希望となり救いとなってゆく。この立ち位置が「ケア」の冠を持った僧侶の現在地である。

現代社会のケアに取り組む僧侶は、このようなニーズを掘り起こす努力を、儀礼の簡素化が進む中で、本来の「場」の力と、僧侶としての役割を再発見しながら、足を踏ん張って行っていると見る必要がある。自身の信仰を真摯に見つめた先で、亡き人とともに生き続けるご遺族の「伴走者」になろうとしていることを知ってほしい。

†ありのままの姿を認め合う社会へ

僧侶は信仰を背景に、教団や宗派といった体系と教義に従って布教伝道を行う。相手が誰であろうと、念仏僧は念仏を、禅僧は禅を、自信を持って不退転の決意で伝えていくことが第一義である。だが、儀礼中心で近年やってきたツケはそう小さくない。また前述したように、人々の価値観、死生観も多様なものとなり、既成の宗教だけでは捉えきれない側面もある。家の宗教として継承した菩提寺との関係、お仏壇やお墓の捉え方もまた必ずしも体系的枠組みの中に収まるとは限らない。ましてや、大切な人を亡くした痛みを持つ者が、無理に枠組みにはめ込まれることを迫られるのであれば、それは救いにならないどころか、暴力性さえ帯びるものである。

今、お寺が現代社会の中で死別の悲しみに向き合う時、培った体系性を保ちつつも、社会の多様性にも眼差しを持った姿を示す必要に迫られている。でも、それはそんなに複雑なことではないかもしれない。必要なことは、目の前にいるご遺族の想いをそのままに受けとめることに尽きるのではないだろうか。

悲しみを悲しみのままに。会いたい想いをそのままに。感情に優劣や善悪をつけることなく〝ありのまま〟に生きる姿は、本来の仏教が追い求めている道でもある。浄土宗僧侶で心理臨床家であった中原実道《じつどう》は、悩みを抱え、痛みを伴って生きているクライエントの姿を「精一杯の姿」として「うん。うん」と受けとめることに努めた。ありのままの姿が精一杯の姿であることを認め合えば、そこにジャッジメントは不要である。

「常に悲感を懐《いだ》いて心ついに醒悟《せいご》す」という『法華経』の言葉がある。悲感を乗り越えるのではなく、胸に懐いて生きる。その悲感の中に亡き人を感じる生き方ができる私たちの強さを知った時、そこから死別後を生きる私の人生が、亡き人とともに生きる人生として拓かれてゆく。ありのままの姿が尊厳あるものとして貴ばれ、語るもよし、語らぬもよしの一人ひとりの個性的なグリーフが尊重される社会となるため、遺族と出会う機会の多い僧侶が、亡き人との出会い直しをする語りを紡ぐ場での対話を通した「よい聴き手」となるべくケアを担い、「場」を開放・創造してゆくことが今後さらに深展していくことを期待したい。

第七章

食料支援と被災地支援——滋賀教区浄土宗青年会のおうみ米一升運動

曽田俊弘

1 「おうみ米一升運動」の成立と展開

†「寺院版」フードドライブの取り組み

私が所属する浄土宗滋賀教区の若手僧侶で組織する「滋賀教区浄土宗青年会」（以下、滋賀浄青）では、二〇一〇年より、「おうみ米一升運動《こめいっしょう》」というボランティア活動に取り組んでいる。

おうみ米一升運動とは、浄土宗滋賀教区所属寺院（以下、教区寺院）から一カ寺あたり一升（一・五キロ）以上の「仏供米《ぶつくまい》」の「お下がり」の喜捨《きしゃ》を募り、集まった浄米《じょうまい》を生活困窮者に対する食料支援を行っているフードバンクなどのNPO・ボランティア団体に「お福分け」することによって、二〇〇八年秋のリーマンショック以降大きな社会問題となり、現在も深刻化の度合いを増しているわが国の「貧困問題」改善のささやかな一助たらんとする活動である。

各家庭にある食品を持ち寄って、それを必要とする人々にフードバンクなどを通じて届ける活動を「フードドライブ」というが、おうみ米一升運動はまさに〝寺院版〟フードドライブの先駆的取り組みであり、また、最近盛んになった寺院による食料支援活動の先鞭をつけたものであると僭越ながら自負している。

本章では、このおうみ米一升運動の発起人として立ち上げから今日まで関わってきた立場から、これまでの活動の軌跡を振り返り、その意義と今後の展望についていささか浅見を述べてみたい。

†「ひとさじの会」との出会いから「おうみ米一升運動」の発案へ

元来慈悲深いわけでもない一介の凡夫《ぼんぶ》に過ぎない私が、この活動の旗振り役を務めることになった直接の機縁は、浄土宗の若手僧侶による慈善団体「社会慈業《じぎょう》委員会・ひとさじの会」の創設者であり、師友と仰ぐ吉水岳彦《よしみずがくげん》師の導きであった。

吉水師は、東京山谷地区の多くの路上生活者《ホームレス》が葬儀なしに火葬（直葬《じきそう》）され無縁仏となっていくという悲惨な光景を目の当たりにされ、その状況に向き合い応答することが自分に課せられた責任であると感得《かんとく》され、「路上生活者に寄り添い、彼らの人間としての尊厳を支えたい」と発願され、二〇〇九年四月に盟友の岡本尚午師とともにひとさじの会を立ち上げ、葬送と納骨（共同墓「結《ゆい》の墓」の建立）の支援に着手された。

さらに、同年九月から、路上生活者に物心両面から寄り添いたいと、「食料支援」に乗り出され、毎月二回のおにぎりの炊出し・夜回り配食を開始すると同時に、寺院に対して、消費期限一年前になったらフードバンクに寄付することを前提に災害用備蓄米の購入を呼びかける「備蓄米購買運動」を計画された。

そして、浄土宗総合研究所の研究プロジェクトチーム「仏教福祉研究班」で机を並べていた私に、「関西で備蓄米購買運動を広めていただけないでしょうか」と協力を求められた。

吉水師の「社会慈業」にかける情熱と覚悟、崇高なまでの利他の精神に触れ圧倒的な感銘を受けると同時に、ひとさじの会が「社会において法然上人の説かれたお念仏の根底にある万機普益《ばんきふやく》・平等救済といった慈しみの精神を具現化する」（社会慈業委員会設立趣意書）、「本会は「たがひに順逆の縁むなしからずして、一佛浄土《いちぶつじょうど》のともたらむ」（『念仏往生要義抄』）という法然上人の精神を模範として、信仰を同じくする人はもちろん、信仰を異にする人までも、念仏者たる自己と有縁のすべての人が極楽浄土で再会する友となることを願い、慈しみの心で満ちた社会の形成を目指して行動することを目的とする」（会則第三条）という、本邦初の法然上人のみ教えに立脚した社会活動に果敢に挑もうとしていることに激しく共鳴した私は、柄にもなく「ここは一肌脱がねば！」と決意した。

そこで、まず私の地元滋賀県から備蓄米購買運動を立ち上げようと考えたのであるが、滋賀は米どころであり、檀信徒が法事や法要の際に御仏供米《おぶくまい》袋や一段重箱に浄米一升を入れて菩提寺まで持参し、御本尊前に供えて供養の誠を捧げるという麗しき習慣が広く息づいており、教区寺院はその仏供米の「お下がり」をいただくという形で阿弥陀仏の慈悲のみ光りに浴していることから、その慈光の分かち合い（「お福分け」）、すなわち浄米のご喜捨を呼びかけてはどうか。その方が、地の利を生かした活動となり得るし、備蓄米購買運動よりも理解と協力を得られやすいのではないかと思い至った。

また折しも、滋賀浄青が、会員寺院から廃ローソクや洗剤・石鹸などの粗供養品《そくよう》を集めて県内のＮＰＯや福祉施設に寄贈する「共生《ともいき》ＥＣＯ活動」を試行したところだったので、同じ要領で浄米を集められないか、と滋賀浄青に提案した。

するとと会長をはじめとする役員諸師が快くご賛同下さり、とんとん拍子に話が進み、この活動を「米一升運動」と銘打って事業化することが決定した。そして、まずは、滋賀浄青の傘下組織である「甲賀《こうか》浄青」で試験的に実施してみることとなり、甲賀市と湖南市を区域とする「甲賀組」所属一三三カ寺に浄米のご喜捨を募る「甲賀米一升運動」としてスタートを切ることとなった。また翌々年の二〇一一年に法然上人八〇〇年大遠忌《だいおんき》の御祥当《ごしょうとう》を迎えることから、甲賀米一升運動をその記念事業に位置づけることとなった。

†「おうみ米一升運動」の実施とその成果

二〇〇九年の暮れに甲賀組全寺院に、「元祖法然上人八百年大遠忌を迎えるにあたり、この事業を『甲賀米一升運動』と銘打って推進し、法然上人のお念仏のみ教えの根底にある万機普益・平等救済といった慈しみの精神を社会に具現化し、祖師の恩徳に報いたい……」という「ひとさじの会」の理念と情熱を盛り込んだ浄米ご喜捨の依頼状を差し上げたところ、翌年明けに一カ寺平均二升以上に相当する四六〇キロの浄米と一〇〇キロの食品をお寄せいただいた。

この好結果を受け、二〇一〇年度から晴れて滋賀浄青の新規事業「近江米一升運動」(二〇一五年度から「おうみ米一升運動」)として教区全体に範囲を拡大して実施できることとなり、一一月に教区所属四七八カ寺から二・八トンもの浄米をお寄せいただいた。

浄米袋詰作業の様子（2017年）

この二回の取り組みでお寄せいただいた計三・二トンの浄米の大半を兵庫県芦屋市にある「フードバンク関西」（地域のNPO・ボランティアを応援するため、浄土宗が実施した「共生・地域文化大賞」（二〇〇七〜一一年）の第三回（二〇〇九年度）共生優秀賞を受賞）にお福分けしたところ、フードバンク関西のその年の米取扱量五・七トンの半分以上を占めることとなった。

事前の予想を大きく上回る規模の支援を実現できたことに驚き、ひとさじの会の事業目的である「〈寺院とフードバンクとの協働〉による地域における生活困窮者支援」実現に向けて順調な第一歩を踏み出せたことに歓喜《かんぎ》踊躍《ゆやく》した。それと同時に、ひとさじの会と滋賀浄青の思いに共感を寄せ、形を与えて下さった教区寺院の広大な利他の御心と法然上人への深い報恩感謝の真心に胸が熱くなり、浄米の収集作業中は随喜の涙を抑えるのに必死であった。

この二回の米一升運動は、「「フードバンク寺院」はじまります」（磯村健太郎『ルポ仏教、貧困・自殺に挑む』岩波書店、二〇一二）と紹介されるなど、ユニークな福祉実践として多くのメディアに取り上げられ、大きな反響と高い評価を得た。

†東日本大震災被災地支援への応用展開

二回の米一升運動を実施した翌年の二〇一一年三月一一日に東日本大震災が発生した。その直後、ひとさじの会を通じて、東京のフードバンク「セカンドハーベスト・ジャパン」から被災地への食料支援の協力依頼を受けた滋賀浄青は、教区と協議し、「今こそ共《とも》生《いき》を！」をスローガンに米一升運動を緊急実施することを決定しすぐさま始動した。教区寺院を通じて檀信徒にも協力を呼びかけたところ、半月の間に七トンもの浄米と大量の食品をお寄せいただいた。この教区寺院並びに檀信徒の尊い善意の結晶を、フードバンクのネットワークを通じて被災地に届けた。

この「緊急近江米一升運動」による被災地への迅速かつ大規模な食料支援が、浄土宗から高い評価をいただき、滋賀浄青は、「第五回共生・地域文化大賞共生事業助成部門採択団体」に選出され、助成を拝受し、二〇一一年度の近江米一升運動を、浄土宗災害復興福島事務所の開所記念事業として実施できる運びとなった。

一二月二〇日、滋賀浄青有志が、寺院並びに檀信徒からお預かりした三・七トンの浄米

大船渡市の仮設住宅における近江米配布会の様子（2014年）

の内二トンをトラックに積み、いわき市内の仮設住宅を訪れ、市内各仮設住宅集会所で「浜○《はままる》かふぇ」という出張カフェを開いて入居者に憩いと交流の場を提供している「福島教区浜通り組浄青」と協働し、入居者をお招きして昼食をともに楽しんだ後、お土産に一〇キロ入米袋をおわたしする「昼食交流会＆近江米配布会」を開催した。

おにぎり・豚汁・焼芋を振る舞うべく調理に着手したものの、我々の危なっかしい手つきを見かねた主婦の方々に包丁を取り上げられ、野菜切りの大半をやっていただくという情けない始末であったが、それがかえって幸いし、入居者の方々と早々に打ち解けることができた。その後は「和《わ》顔《げん》愛《あい》語《ご》」が行き交う温かな雰囲気の中、交流が進み、米一升運動を機縁としてこのような温もり溢れる「場」が生まれたことに無上の喜びを感じた。

被災者の方々が、浄米を喜んでお受け取り下さり、我々に胸襟を開いて接して下さったことに感激し、浄米を被災者の方々に直接お届けすることが、僧侶に求められている被災者の「心のケア」に不可欠な前提である、被災者との「顔の見える信頼関係」の構築につながる可能性を感じた滋賀浄青有志は、それ以降、二〇一七年まで毎年、集荷量の六割強の浄米を携えて、岩手・宮城・福島の寺院・仮設住宅・災害公営住宅・物故者追悼法要の会所を訪れ、三県の教区・浄青や被災地支援を行っている団体（ひとさじの会・京都の「万華鏡コミュニケート」）のご協力のもと「近江米配布会」を開催し、浄米の直接手わたし・会食・ミニ法話・レクリエーション（万華鏡ワークショップ〔二〇一四年〕、人形劇・紙芝居上演〔二〇一五・二〇一七年〕、大道芸上演〔二〇一六年〕）を通じて被災者の方々との交流を深めた。

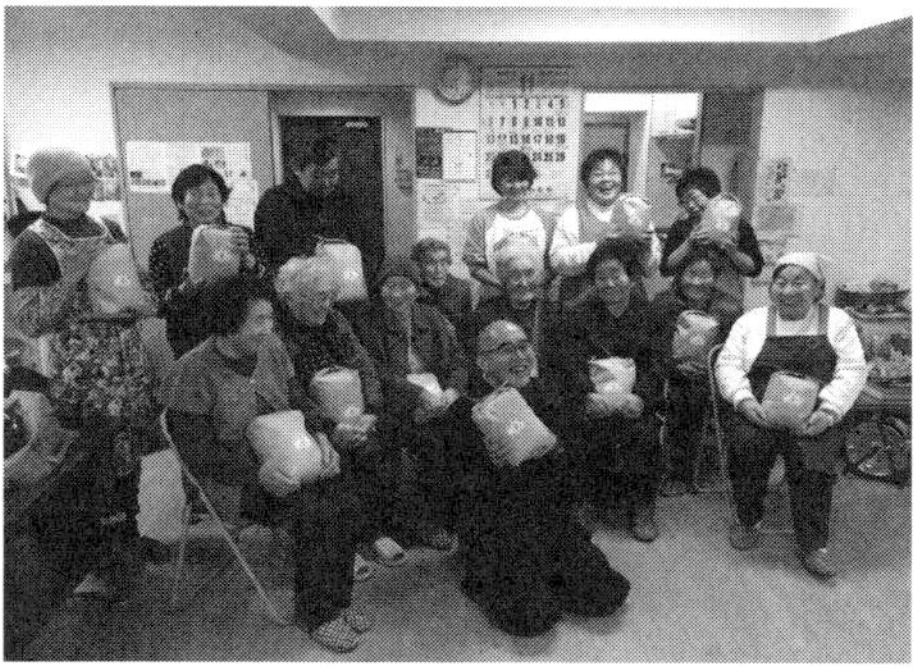
大船渡市の災害公営住宅における近江米配布会の様子（2016年）

†被災地支援活動継続の原動力

この七年間にわたる東日本大震災被災地支援活動継続の原動力になったのは、浄米を差し上げた際に被災者の方々からいただいた笑顔と感謝の言葉である。特に「食べ物の中でお米をいただくのが一番ありがたい！」という言葉には大いに励まされた。「今回の震災でお米のありがたさが身に染みてわかった！」「日本人の主食はやはりお米だと痛感した！」という声を多く聞くことができ、米一升運動の価値を肌身で実感できた。

この七年間で、総計三八・六トンの浄米を被災地にお届けした。農林水産省の食料自給率に関する統計では、二〇一四年度の国民一人あたりの米の消費量は五五・二キロ、一日あたりの消費量は約一五一グラム、一食あたりの消費量は約五〇グラムであったが、このデータによれば、浄米三八・六トンは七七万二〇〇〇食分に相当する。そうなると、ピーク時の被災者が四〇万人と推定されていることから、すべての被災者に約二食分の浄米をお福分けできたことになる。

「たかが七年間七六六五食分の内の二食に過ぎないではないか」との誹りを受けるかもしれないが、私は「されど二食」、否、米一升運動でご喜捨いただいた浄米には、阿弥陀仏の慈悲と檀信徒の供養の真心に加えて、教区寺院並びに檀信徒の「被災された方々のお役に立ちたい」という尊いお志がこもっているので、「何食分もの価値がある」と言い張りたい。そしてさらに「願わくは、被災者全員に、ひとさじの会が配食している三〇〇グラムのジャンボおにぎり一個分に相当する浄米一五〇グラム（国民一人一日あたりの米消費量）をお配りできるまでは活動を続けたい」という新たな誓願を立てその成就を目指したいのである。

また「年々ボランティアで訪れる人が減っているので毎年来ていただけて嬉しい！」という言葉も活動継続への意欲を後押ししてくれるものであった。被災地を訪問し続け、ご縁をいただいた被災者の方々と交流を深める中で、痛切に思い知らされたことは、「私ごとき凡夫には、震災によって家族や故郷を一瞬のうちに失った方々の悲しみ・苦しみを計り知ることは絶対に不可能である」という冷厳な現実であった。

交流会で食事やお茶の時間をともにし、ゆっくりお話を聴かせていただいた折に、被災者の方々が心の内に抱えている悲しみ・苦しみを吐露される場面に直面し、いやしくも僧侶の端くれならば、その苦しみ・悲しみを理解し、共感しなければならないが、そのあまりの深さになすすべなくただ圧倒され、おのれの無力感に苛まれ、凡夫の悲哀に打ちひしがれたこともしばしばであった。このような経験は、活動をともにしたメンバーの多くが共有しており、いたたまれずトイレに逃げ込んで泣いたことがあったことを正直に告白してくれたメンバーもいた。

しかしそんな非力な凡夫でしかない我々であっても「来ていただけて嬉しい」と言っていただき、被災地のリーダーの方とＳＮＳを通じて楽しく近況を報告し合える間柄になる

南三陸町慰霊碑前での追悼法要の様子（2017年）

ことができたのは、被災者の方々に、我々が毎年浄米を携えて被災地を訪問していることを、「自分たちの悲しみ・苦しみを少しでも理解しようとしてくれている」と受け止めていただいているからではないか。したがって、訪問することそれ自体がわずかながらでも被災者の方々への援助になり得ているのではないか、そこに毎年訪問することの意味があるのではないか、と前向きに受け止め、自らを鼓舞しながら、被災地支援活動を継続している。

†「凡夫が凡夫に寄り添う」という姿勢

二〇一五年からは、東日本大震災被災地以外の災害被災地にも赴き、二〇一五年には関東・東北豪雨による鬼怒川水害の被災地である茨城県常総市の浄土宗寺院（認定こども園併設）に一・二二トン、二〇一七年には熊本地震の被災地である熊本県益城《ましき》町《まち》の仮設住宅に六六三キロ、二〇一八年には西日本豪雨の被災地である広島県三原市・呉市の計三カ所の仮設住宅、愛媛県大洲市・西予市・宇和島市の計五カ所の仮設住宅、岡山県倉敷市のボランティアセンターに計二・〇六トンの浄米をお届けし、活動の範囲を拡大させた。

これまで被災地支援活動を続けてきた中で、微かに、「わずかな米を運んだところで何の役に立つのか?」「ボランティアは果たして僧侶の本分なのか?」といったネガティブな意見が漏れ聞こえてくることもあった。

しかし、この世のすべての事象に対して傍観者にならず自分との関わりを見出し、当事者意識を持ち続けようとすることこそが真の「無我観」「無常観」であり、この世界観(存在論)に立脚して行動することこそが、寺院・僧侶のあるべき姿ではないだろうか。天災地変に対しては、「自分が被災していたかもしれないし、今後いつ被災するかわからない」と受け止め、また貧困問題に対しても、「自分も今後いつ病魔や事故に襲われて生活困窮に陥っても不思議ではない」と「我が事」として捉え、葬送支援はもちろんのこと、それ以外にも自分にできる支援を考え実践し、積極的に関与していくことが寺院・僧侶の責務ではないだろうか。

特に、浄土宗の寺院・僧侶であるならば、自分を含めたすべての人間を、出遇う縁(遇縁)と外から襲来する煩悩《ぼんのう》(客塵煩悩《きゃくじんぼんのう》)によって在り様を変えられてしまう受動的で弱い凡夫に過ぎないと見なす人間観に立ち、他者に対して、互いにその弱さを認め合い(信《しん》機《き》）、その弱い我々凡夫を憐れみ愛おしんで、弱いまま、現実ありのままの姿で包み込んでくれる存在とその働き（阿弥陀仏とその本願）への信を分かち持とう（信法《しんぼう》）と説き続け、それによって互いの人格の尊厳（阿弥陀仏に唯一かけがえのない人格として承認され遇される尊厳ある存在である）に気づき認め合う関係性、すなわち「人間の「弱さ」を前提とした「共生」」を実現しようとされた善導大師（唐代中国浄土教の大成者）と、その意志を継承・展開された法然上人に範を仰ぎ、「凡夫が凡夫に寄り添う」という姿勢で被災地・生活困窮者支援に取り組むべきではないだろうか。

このような信念のもとに、今後も米一升運動による被災地支援にポジティブに取り組んでいきたい。

†「フードバンク」との協働による新展開

おうみ米一升運動の浄米の集荷量は、教区寺院並びに檀信徒の温かいご理解とご協力のお陰で、二〇一〇年三・二トン（二回）、二〇一一年一一トン（二回）、二〇一二年四トン、二〇一三年四トン、二〇一四年五・五トン、二〇一五年五・六トン、二〇一六年六・六トン、二〇一七年七・〇八七トン、二〇一八年五・二五二トンと毎年高水準を維持している。また喜ばしいことに、賛同の輪が拡がり、東北ブロック浄青による「東北米一升運動」

（二〇一〇年）、大分浄青による「大分米一升運動」（二〇一二年〜）、佐賀教区による「佐賀米一升運動」（二〇一二年〜一五年）、熊本教区による「熊本米一升運動」（二〇一二〜一四年）、福岡教区林鐘院による「筑後米一升運動」（二〇一五年〜）が実施されるに至っている。

東日本大震災以降のおうみ米一升運動は、被災地支援の比重が大きくなったが、フードバンク関西とひとさじの会への浄米のお福分けを通じての生活困窮者支援も並行して継続してきた。しかし、肝心の地元滋賀にほとんど支援が及んでいないという指摘を受け、滋賀で食料支援を行っている団体を探したところ、「フードバンク滋賀」（以下、FB滋賀）の存在を知り、二〇一四年から協働を開始した。

FB滋賀が、「生活困窮世帯への食料の直接手わたし」という安否確認・見守り・傾聴を兼ねた友愛訪問型の支援に取り組んでいることを知り、おにぎりを路上生活者に直接手わたしているひとさじの会と親近性が高いことに驚き、興味を引かれた私は、FB滋賀からの入会の誘いを快諾した。

そして、二〇一五年四月から二〇一八年七月までの三年四カ月にわたって、ほぼ毎週一回、FB滋賀が、湖南地域（県南部）七市の福祉課等から支援要請を受けた、病気・怪我・失業・離婚などの様々な事情で生活困窮に陥った週平均五〇件を超える世帯の内の約

フードバンク活動中の車のトランク

三分の一と二団体（自立相談支援組織と某市生活福祉課）に、スーパー・農家・その他の企業・団体・個人からいただいたパン・野菜・その他の食品とともに、滋賀浄青からお福分けにあずかった浄米を車で届け続けた。

最初は三人のメンバーで手分けして配達していたが、途中で二人が離脱したため、二〇一六年一二月からはほぼ一人での配達を余儀なくされた。朝九時に自坊を出発し、一五件前後の支援先への配達を終えて帰宅すると夜七時を過ぎており、走行距離が一日一五〇キロを超えているのが常態であった。

支援先の大半は母子世帯と単身世帯である。そのなかには、異臭漂うゴミ屋敷化したアパートの一室に母親と大勢の子どもがひしめき合って暮らしていたり、立派な造りであるが家屋も庭も荒れ果ててしまった旧家に中高年の男性が独り侘しく暮らしているといった目を覆いたくなるような過酷なケースもあり、吉水師の「わたしたちが仏教を学びはじめたときに教わった「無常」や「苦」などを、机上ではなく現実のものとして直接学ばせてもらう」（吉水岳彦「貧困の現場に学ぶ」『ayus』vol.89、二〇〇九）という経験を追体験することとなった。

フードバンクでは、お米は最重要品目であり、どの団体も確保に苦慮しているが、FB滋賀では、滋賀浄青との協働のお陰で、週平均五〇世帯以上へのお米の安定的供給という奇跡のような支援が可能となった。支援先からも大変喜んでいただき、米一升運動の意義を実感する日々であった。支援先の子ども達が食料を受け取る際に見せてくれる笑顔が、長時間運転の疲れを癒してくれた。時にはごく一部の支援先から、事前連絡なしの不在や前の週に届けた食料がそのまま玄関に置きっ放しにされていたというような仕打ちを受け、凡夫の悲しさ、心を乱されることもあったが、尊敬する故・中原実道《じつどう》師（浄土宗僧侶・カウンセラー）の説かれた、相手の態度を「今できる唯一のこと」「悲しいまでの精一杯のこと」とありのままに・無条件に・肯定的に受容する「受容の心《カウンセリング・マインド》」を想い起こし、何とか心を鎮めた。

そんな貴重な経験や修行も積めた充実した日々であったが、支援要請が引きも切らず、活動時間は長くなる一方であった。それに加えて、FB滋賀の活動の実態は手弁当で、メンバーの活動資金（ガソリン代など）の負担も増大し、メンバーが定着しなかったり、初期の中心メンバーの脱退も相次ぎ、残ったメンバーに過度の負担がのしかかることとなり、次第に疲労の色が隠せなくなっていった。

そうした中、二〇一八年三月末にＦＢ滋賀代表の突然の関東への転居という不測の事態が生じ、活動存続の危機に追い込まれた。そこで、活動を維持するために、ただちにＮＰＯ法人化すべきとの声が上がったが、推進派と消極派とに意見が分かれた。また二〇一六年から滋賀県社会福祉協議会「滋賀の縁創造実践センター」によって県内各地に開設された「淡海《おうみ》子ども食堂」への協力を通した地域の子育て支援への参画をめぐっても意見が二分した。

このようにメンバー間で目指す方向性の違いが顕著になったため、ＮＰＯ法人化と子ども食堂との連携を志向するメンバーが二〇一八年七月に独立した。行政や諸団体と連携しながら、食品ロスを社会資源として有効に活用した「食と生活のセーフティーネットワーク」の構築を通じて、持続可能な地域社会づくりへの貢献を目指して、「もったいないを「絆」と「笑顔」に！」を合言葉に「フードバンクびわ湖」を立ち上げ、分不相応にも私が理事長の大役を担うこととなった。

そして、ＮＰＯ法人化に向けて準備を進めると同時に、九月からフードドライブと某市行政窓口・某市社協・子ども食堂・自立相談支援組織・児童養護施設・外国人学校及び困窮世帯への食料配達を開始した。一一月には、滋賀浄青より浄米二・二五二トンのお福分けにあずかり、この貴重な浄米が、滋賀の支援を必要とする人に平等に行きわたるネットワークを早急に作らねばと肝に銘じた次第である。

2 おうみ米一升運動の特徴

†寺院独自の伝統的ネットワークの応用

以上、おうみ米一升運動の一〇年（甲賀米一升運動を含む）の軌跡を概観したが、この活動の特徴と意義として、次の五点が挙げられるだろう。

一点目は、教区寺院が地道な日常的活動（法事・法要・教化活動）によって培ってきた親密な「寺檀関係」と「寺院相互の関係」（教区。組や部や浄青も含む）という伝統的な信頼関係のネットワークを活かした福祉実践を創出したことである。これによって、寺院固有のネットワークが一種の「社会資源」「社会関係資本《ソーシャル・キャピタル》」であり、社会活動の基盤となり得るものであり、それ故に、寺院が公益性・公共性を有していることをある程度証明できたのではないだろうか。

私は、米一升運動を通じて、仏供米の習慣が保たれているのは、教区寺院諸先徳が積み重ねてこられたお檀家に供養の真心の大切さを伝える「教化」のご努力とそれに誠実に応えてこられたお檀家のご努力のお陰であり、双方のご努力による信頼関係の上に成り立っていることに今更ながら気づかされ、感謝の念を新たにした。同時に、教区寺院が即座に一致団結して事業に取り組める体制が確立・維持されていることもまた諸先徳のご尽力の賜物であることに気づかされ、深い敬意を抱いた。そして、この寺院独自のネットワークという活動基盤を作って下さった先達の功績を顕彰し、その功労に報いるためにも、米一升運動の一層の充実を誓った次第である。

二点目は、寺院（の活動）が地域（滋賀）と地域（被災地）をつなぐ（滋賀の住民〔檀信徒〕の施米に込めた被災者の方々を応援したいという思いを被災地に届ける）橋渡し役を果たしていることである。私は、おうみ米一升運動による被災地支援は、滋賀と他の地域との「困った時はお互い様」の関係づくりでもあると考えている。このトランスローカルな活動によって生まれた他の地域との「お互い様」の関係は、滋賀が災害に見舞われた際に他の地域からスムーズな食料支援（という形の恩返し）を受けられるという形で活きてくるのではないだろうか。したがって、私は、米一升運動が、地域の災害対応力の向上にささやかな寄与をもたらす可能性を秘めていると信じている。

三点目は、寺院（の活動）がＮＰＯ（フードバンク）やその他の団体（被災地の浄青や他の地域のボランティア団体）との協働による生活困窮者・被災者支援体制という「新しい公共」の形の構築の一翼を担っていることである。先述のように、おうみ米一升運動によって集められた浄米は、これまで湖南地域の生活福祉課・家庭児童相談室・地域包括支援センター・障害者福祉センターなどからフードバンクが食料支援を依頼された生活困窮世帯や、市からの委託事業「生活困窮者自立支援法に基づく自立相談支援」や「トワイライトステイ事業」(夜の子どもの居場所づくり)に取り組むNPOや学生サークルにも届けられており、地方自治体との協働も間接的に成り立っている。

また二〇一六年から、県内各地の「淡海子ども食堂」にも浄米が滋賀浄青から手わたされており、県社協の「境界を超えた協働実践」(谷口郁美・永田祐『越境する地域福祉実践』全国社会福祉協議会、二〇一八)の一端も担っている。これらのことは、おうみ米一升運動が「地域社会をつくる宗教」(大谷栄一・藤本頼生編『地域社会をつくる宗教』明石書店、二〇一二)としての役割をわずかながらでも果たしていることを示していると言えるだろう。

†浄土宗的独自性と通仏教的共通性を兼備した活動理念

四点目は、「現世を過ぐべきやうは、念仏の申されん方にてよりて過ぐべし。念仏の第一の助業《じょごう》、米に過ぎたるはなし。衣食住の三は念仏の助業なり。能々《よくよく》たしなむべし」(『九《く》巻伝《かんでん》』)という法然上人の教えに適った「念仏の助業」としての福祉実践を創出したことである。自分のみならず、地域でともに暮らす誰もが主食のお米を安定して確保でき安心して念仏を称えられるような環境づくりを目指す米一升運動は、念仏の助業に他ならず、法然上人の御心に添う浄土宗ならではの活動であり、上人への報恩《ほうおん》の行と言えるのではないだろうか。

五点目は、「ご本尊からのお下がりのお福分け」という、全仏教教団で共有できる「通仏教的・超宗派的」社会貢献活動理念を創出したことである。私が以前に米一升運動の活動理念とその応用可能性を明文化し提示したものを以下に再掲しておきたい。

米一升運動の、ご本尊からのお下がりのお福分けという理念は、浄土宗のみならず、全仏教教団で共有し得るものであるといえる。ここに米一升運動が、超宗派的活動に広がる可能性を見出すことができる。また、ご本尊からのお下がりには、米以外にも菓子その他の食料品や、広義には葬儀・法要の際の粗供養品（茶・砂糖・調味料・洗剤・石鹸・商品券等）も含まれるであろう。したがって、これらの食品・生活用品の喜捨も仏供米の喜捨とまったく等価なのである。もしこの理解が共有されるならば、米どころ以外であっても、米一升運動と同様の食料・生活物資支援活動が可能となるであろう。（「活動報告『米一升運動』について」『仏教福祉』一五号、浄土宗総合研究所、

二〇一三)

以上の五点は、従来の寺院の社会活動にはあまり見られないユニークな特徴と言えるのではないだろうか。

成立基盤としての「講」の重要性

私は、かねがね、おうみ米一升運動の成立基盤となった滋賀における親密な「寺檀関係」を支えているのは、寺院の日常的活動の中でも特に同じ信仰を持つ者が集まる「講」であると考えてきた。それは、二〇有余年にわたって二カ寺の住職を務める中で得た実感であった。その実感が誤りでなかったことは、本書編著者の大谷栄一が二〇一五年に教区寺院を対象として実施された「地域社会における浄土宗寺院の社会的役割に関するアンケート調査」において、回答のあった二一六カ寺中一六六カ寺(七六・九%)が講を行っており、教化活動・社会活動の中で最も実施率が高いという結果が出たことによって実証された(大谷栄一「寺院の日常的活動と寺檀関係——浄土宗」、櫻井義秀・川又俊則編『人口減少社会と寺院』法藏館、二〇一六)。

滋賀県の寺院の多くは、古来より講を組織し、檀信徒同士を同じ信仰によって結びつけてきた。特に浄土宗寺院では、「五重相伝」という浄土宗の奥義を五段階に分けて伝授する法会が盛んに勤められており（実施率は七五・五％で、講に次ぐ第二位）、その五重相伝の同行者による「五重講」を中核として「念仏講」「尼講」「詠唱講」「鉦《かね》講」などの「付属講社」を組織し、講員が定期的に集い、別時念仏会や詠唱・楷定《かいじょう》念仏の稽古をし、その後に直会《なおらい》（会食）や茶話会を催し、また法然上人二十五霊場巡拝などの参拝旅行を行うといった活動を通じて、互いに「しんこう」（信仰・親交）を深め合っているところが多い。したがって、教区寺院の住職とはとりもなおさず「講の統率者《リーダー》」に他ならないのである。

講は、同じ信仰を持つ者同士の「自発的組織」であるが、町内会・自治会・老人会・班・隣組などの「地縁型組織」と構成員がほとんど重なっているので、地域住民同士の結びつきを強めるソーシャル・キャピタルとして機能してきたと言っても過言ではない。特に、講員の多くが高齢者であり、講への参加が生きがいの一つになっていることから、地域福祉・高齢者福祉の増進に一定の貢献を果たしてきた。

したがって、これからの仏教教団・寺院・僧侶に課せられた責務は、講のソーシャル・キャピタルとしての価値を認識し、講が地域のつながりの強化に寄与し得るという確信に立って、今、日本各地で進行中の、少子高齢化・過疎化・家族の個人化・グローバル化といった流れに柔軟に対応しながら、講の再構築に努めることではないだろうか。寺院の新しい社会活動のモデルを考案することも大事であるが、同時に講（に支えられた寺檀関係）という今我々の足元にある地域資源の価値を再認識し、それを生かした活動を考えるという「脚下照顧《きゃっかしょうこ》」の姿勢も必要ではないだろうか。手前味噌であるが、おうみ米一升運動はその具体的実践例として位置づけられるべきであると考える。

3 おうみ米一升運動の成果

†「第九回浄土宗平和賞」の受賞

おうみ米一升運動は、今年（二〇一九年）の秋で活動開始から一〇年目という節目を迎えようとしているが、ありがたいことに、一昨年から立て続けに、一〇周年に向けて弾みのつくような慶事に恵まれた。

二〇一七年に、滋賀浄青が、浄土宗平和協会主催の「第九回浄土宗平和賞」受賞の栄に浴し、浄土門主・総本山知恩院門跡伊藤唯眞猊下《ゆいしんげいか》より表彰状を頂戴し、御垂示《すいじ》の中で、おうみ米一升運動に対して「仏供米を届けるということは、物資のみならず仏の御心を乗せるということ。それを被災地など、必要としている方々に届けていただいたことは御仏の心にかなう運動であり、感謝に堪えません。」（『浄土宗新聞』二〇一七年六月号）と過分なご評価を賜り、かたじけなさに感泣した。二〇一八年には、浄土宗社会福祉推進事務局より推進事業の一つとして米一升運動を採択していただき、教団機関誌を通じて浄土宗全寺院に米一升運動への取り組みを呼びかけていただいた。また、滋賀県社協より、三年にわたる淡海子ども食堂への施米《せまい》支援を評価していただき、「会長表彰」をいただくことができた。

このような晴れがましい出来事の連続に、これまでの約一〇年に及ぶ地道な積み重ねが実を結んだと感激すると同時に、高い評価を与えて下さった方々のご期待に応えるべく、またこれまで活動を支えて下さった教区寺院・檀信徒を始めとする多くの方々のご厚情に報いるべく、おうみ米一升運動をさらに発展させねばと心に誓った次第である。

おうみ米一升運動の更なる発展のためにまずなすべきことは、より多くの滋賀浄青会員に、浄米の収集だけでなく、被災地での浄米手わたしや、フードバンクの食料配達を経験してもらうよう強く働きかけることであろう。なぜなら「実際にボランティア活動を遂行し、助けられた側の感謝や周囲からの賞賛を獲得し、その価値を十分に体感することができれば、その喜びと達成感は、また人助けがしたい、という動機を生む」（山竹伸二「解説―ボランティアの実存を問う」、海野和之『社会参加とボランティア』八千代出版、二〇一四）

と思われるからである。この「喜びと達成感」を多くの会員と分かち合うことが、今後の活動継続・発展のために不可欠であろう。

†凡夫の自覚とボランティアのあるべき姿

この「喜びと達成感」は、被災地支援活動に携わってきたメンバーがこれまで深く味わってきたものであり、米一升運動継続のインセンティブとなってきた。これに対しては、自己の存在証明のために他者を助ける自利的行為に過ぎず、布施行《ふせぎょう》・利他行《りたぎょう》ではないとの誹りを免れないかもしれない。しかし、「自分の行為を認められ、自己の存在価値を確認したいという欲望は、誰もが共通して持っている。こうした人間的欲望の本質を理解しなければ、困っている人を助けるための制度や活動が拡がることは難しいだろう」(山竹伸二、前掲書)から、一概に否定できるものではないだろう。

この人間の「承認欲望」の理解は、前述の善導大師並びに法然上人が、往生を求めて称《しょう》名念仏《みょうねんぶつ》を実践する上での心構えとして重視された、自己の「凡夫性」の実存的自覚(信機)に相通じるものがある。

したがって、浄青会員が、自分が「承認欲望」という「煩悩」に縛られた凡夫であることを自覚し、米一升運動が生活困窮者という「他者のため」の支援活動であると同時に、

「自分のため」の活動でもあることを認識し、この自覚・認識を会員相互で共有しながら活動していくのが、今後のおうみ米一升運動のみならず浄土宗僧侶のボランティアのあるべき姿ではなかろうか。この凡夫の自覚に基づく対人援助実践が相互扶助の精神に基づく共生社会実現へ貢献できる可能性を示唆しているのが次の言葉である。

他者を助けることが「自分のため」でもあると自覚した人間は、無自覚のうちに利己心から他者を助ける人間よりも、より謙虚に振る舞うことができる。それは、自分が一方的に助けているのではなく、自分もまた助けられている、という気持ちを抱くようになるからだ。そして、なおかつ他者への共感から「助けたい」「役に立ちたい」という動機を持つ人が増えていくなら、相互扶助を中心とした新しい社会が築かれていくに違いない。（山竹伸二、前掲書）

この可能性を信じ、これを現実化すべく、おうみ米一升運動とフードバンクびわ湖の活動にライフワークとして「謙虚」に取り組んでいきたい所存である。

第八章　NPOとの協働から、終活へ——應典院の二〇年と現在、これから

秋田光彦

1　葬式をしない寺

†「寺を開く」とは

寺を開く——。

このフレーズがお寺の世界で浸透し始めたのは、この十数年ほどの間のことだ。住職の世代交代が進み、インターネットやSNSの普及もあって、積極的に「討って出る」寺が多くなった。オープンカフェ、ヨガ教室、ガレージセール、アートフェスティバルなど、ちょっと〝ググれば〟お好みのお寺を探し出すのに苦労はない。若い人や家族連れの

参加も目立つ。

それまでの寺は檀家向けクラブハウスのようなもので、特定の資格と条件が必要とされた。「先祖代々〇〇宗」という血統が物を言ったし、それがなければ立ち入りもはばかられた。山門は夕方五時にもなれば閉ざされる。とりわけ若者たちにとっては縁遠く、関心の及ばない場所だったに違いない。

それがどうだろう。現代では、布教とか檀信徒とか、そういうこれまでの前提にとらわれない、多種多様でフレキシブルな場が次々と現われている。本書にもあるようなおてらおやつクラブや子ども食堂、ホームレスの支援活動などは、単発のイベントを超えた持続的な活動として注目される。

本当のオープンスペースとは、何をやろうが内容の是非を問われない自由空間でなくてはならない。お寺だから受け入れられる。お寺だからこそ語り合いたい、表現したいことがある。仏の絶対慈悲の心が、若者たちの問題意識や表現欲求を掻き立てたともいえる。

私が住職を務める寺、應典院《おうてんいん》を「開かれた寺」の先駆けという人がいる。その認識に乏しいが、このフレーズとともに一九九七年の再建以来二十数年、地域と社会に対して寺という場の意味を問うてきた自覚はある。「寺を開く」とは参加であり、責任であり、そしてリスクでもある。また、社会に対し、繰り返し対話と協働を試みることである。本章ではこの寺のこれまでの足跡と、現在地点について述べていこう。

†「寺は、ただの風景だ」

應典院は異形《いぎょう》の寺である。大阪のミナミから徒歩一〇分足らず、あたりは二四時間眠らない都市型の寺院だが、初めて訪れる人は、ここがお寺だとは気づかない。コンクリートの打ちっ放し、劇場型の本堂（一〇〇人収容のホール仕様）やセミナールームなど建築的な相貌もそうだが、何よりそこで生起している光景の数々に常識を覆されるからだ。

“開かれた寺”應典院ファサード

一年に大小一〇〇以上のイベントが開かれ、ウェブサイトには、演劇や美術展、トークショーやワークショップなど、お寺らしからぬ情報が並ぶ。夜の一〇時まで若者が出入りするお寺など聞いたことがないだろう。

應典院に檀家はいない。葬式もしない。趣旨に賛同した方たちによる会員制で運営され、その空間は誰にでも使えるよう開放されている。寺は住職のものではない。

むろんレンタルスペースでもない。寺を開くとは、まず市民の参加と協働という縁から生まれ、そこから様々な場となってさらに外部へと開いていく、その同心円をいう。

この異形の寺が生まれたのには、特別な背景がある。

浄土宗大蓮寺の塔頭《たっちゅう》（付属）寺院として應典院再建の計画が持ち上がったころ、お寺を取り囲む状況は騒然としていた。一九九五年、バブル崩壊とともに日本を襲ったのが、阪神淡路大震災とオウム真理教地下鉄サリン事件という二つの出来事だった。都市における最大級の震災と史上最悪の宗教テロという次元を異にするものでありながら、そこで共通して炙り出されたものは若者たちの「生きる意味」をめぐる不安や苦悩であり、またその模索であった。

現世における生き方や自分の役割がわからない。世間では露骨な競争や効率主義が幅をきかせ、誰もが取り替え可能なパーツとなった。かけがえのなさが感じられず、「自分探し」という言葉が流行したのもこのころのことだ。

私も参加した神戸の震災ボランティアの現場では、復興支援、心のケアを通して、濃密な人間関係が無数に立ち上がっていた。自分探しの若者たちにとって、救援の現場とは、他者との出会い直しであり、それは社会と自己との関係を見直す機会となったことだろう。

バブルに呆けた社会から逃げ出すようにオウムへ入信した若者たちを、私はただの盲信者と思えなかった。彼らもまた現世の在り方や自分の生き方に苦悩し、居場所を探していたのではなかったか。救援現場とカルト教団を同列に語ることはできないが、ある意味、その二つは、傷ついた若者たちが求めた精神の拠り所だったのかもしれない。

ただ確かなことは、彼らが求めたのは寺ではなかったという事実だ。

震災とオウムの事件を前に、伝統仏教は沈黙を守った。世間並みの募金活動はしたかもしれないが、「救済」の役割に蓋をして、思考停止に陥った。無責任というより、新たに降りかかる社会的課題にどう向き合えばいいのか、為すすべもなく当惑していたのだろう。オウム脱会者の若者は「救いを求めるのに、なぜ寺の門を叩かなかったのか」と問われ、「寺には宗教はない、ただの風景だ」と答えたという。大胆に言えば、この年、日本のお寺は余命宣告を突きつけられたのだ。

†学び・癒し・楽しみ

寺は、社会とともにある。社会との関係を切り離しては、寺の存在もない。しかし、社会から寺は望まれていない。若者たちにとっては風景でしかない。では、寺とは何のためにあるのか。私の場合、寺を開くことは、まさにこの二つの事件の問いに対する自らの回答として始まったのだ。

オウムになくて、寺にあるもの。寺にしかない固有の資源とは何か。

著名な経営学者ピーター・ドラッカーが、「(世界)最古の非営利機関は日本にある。奈良の古寺《こじ》がそれである」(『非営利組織の経営』ダイヤモンド社、一九九一)と述べているように、遥か飛鳥の時代から、非営利すなわち日本型公益の原型をお寺に見ることができる。

その役割を「学び」「癒し」「楽しみ」、現代でいうなら教育、福祉、芸術文化の三つに分けると、江戸期の日本人の基礎教養を支えた寺子屋の存在や、仏教伝来地の四天王寺以来、取り組まれてきた施薬《せやく》や療病《りようびよう》、また芸能も神仏に奉納する勧進興行《かんじんこうぎよう》として発展したように、近代になって行政サービスに取って代わられる以前、人間文化はお寺を揺籃《ようらん》としていたことがわかった。つまり、人間が人間らしく生きていくために、官に依存せずとも、お寺が中心となって民の力で公益の祖型を育んできたのである。お寺はＮＰＯの元祖であったといって差し支えないだろう。

震災ボランティアやオウムの若者たちが探した「生きる意味」とは、そんな人間文化から生まれる関わりや支え合い、助け合いから見出されたものではなかっただろうか。誰かのために自分が存在する。誰もがあなたを必要としている。「救済」を教学的にどう説くかは措くとして、今日の社会で救済とは、こういった人間らしさに気づくことであり、サービスをただ受給するのではない、自ら試みていく「たましいの回復運動」をいうのだと思う。そのために、開かれた場が必要なのだ。

　神戸の児童殺傷事件が起き、心の教育が喧《かまびす》しく叫ばれた一九九七年、應典院は再建する。同年、地方の大手銀行や証券会社が経営破綻して、安全神話が壊れた。寄る辺ない時代の中で、一人ひとりがかけがえのない存在として、どう生きるのか。寺を開くとは、應典院の場合、その場に秘めたる根源的な力を社会に問い直すことだったのだ。

2　地域のつながりをつくる

†若者たちのコミュニティ

　應典院は若者のお寺である。立地や夜間利用もさることながら、その特異性はこの寺がアートセンターのような役割を担っている点にある。

　劇場仕様となっている本堂は、しばしば若者たちの演劇公演や美術展に利用される。芝居の公演は夜の七時ころからだから、おのずと寺は夜遅くまで賑わう。アートセンターというのは芸術創造の拠点というような意味だが、晴れの舞台だけでなく、そこに至るプロセスを支援、才能を育成していく場所をいう。劇団には稽古場が、美術家にはアトリエが

本堂内はしばしば若者たちの創造の舞台となる

必要だ。そういった表現活動全般をサポートしていくのが應典院の当初からの基本姿勢だった。

そんな場所だから、公演本番以外にも夜な夜な若者たちが集まってくる。稽古やミーティングの後、あるいは打ち上げの酒場で関わりが生まれ、私は間近で彼らのリアルな生き様に触れることになる。

一九九〇年代後半、バブルの好景気から一転、日本は失われた一〇年の渦中にあり、若者にとって最も厳しい受難の時代を迎えていた。就職氷河期世代、フリーター、ニート、ワーキングプアとはいずれも当時の若者たちの呼称だが、彼らは社会の既定路線から外され、いきなり自己決定、自己責任を強いられ、悲鳴をあげていた。生きる意味や価値が見えない。自分は何のために存在しているのか。應典院が再建された一九九七年には、自死者が初めて三万人を超えている。

そんな「生きづらさ」が蔓延する中、應典院は若者たちの居場所として開かれていた。演劇はそのプロセス自体が、自己と他者の関係のレッスンだ。華やかなスポットライトとは裏腹に、この寺で彼らは表現を通して、生きる意味を必死に探していた。自分の仕事や役割、将来への夢や希望を見失った人たちにとって、ここは存在を回復する場だったのだ。

アートだけではない。應典院は数々の場に対し開かれていった。生と死を考える会、エンディングセミナー、セラピー、まちづくり、国際協力、就労支援など多種多様で、異なるものが交流する多文化的な場が次々と生まれた。演劇に取り組む若者がセラピー教室に通ったり、NGOのスタッフが演劇ワークショップに参加したりする異種交流が進んだ。それは若者たちにとって、まったく違う地点から自分を再発見するチャンスでもあったのだろう。

†生と死を語り合う市民

思いがけないことも起きた。應典院に縛るものがないからだろうか、若いアーティストや市民活動者の語りから、素朴な宗教観がひょっこり顔を出した。「ボランティアしている自分が救われている」「どこかでみんなつながっている」「大きなものに見守られている」。そんな感覚が自分たちの根底にあるという気づきは、應典院という特異な場所ならではだろう。「生きづらさ」が少しずつ和らいでいくのがわかる。企業や学校、家庭といった既存の秩序とは異なる場所の中で、彼らは新たな他者や世界との関係を模索していったのである。

格差と孤立の二〇〇〇年代、そんな若者の中からユニークな人材が登場し始めた。独自の宗教性を打ち出すＮＰＯ活動が現れたのである。特定の教義には偏らないが、自由に宗教を語り、そこから社会活動へと展開させていくスピリチュアルな市民活動といっていい。お寺はそのためには最もふさわしい場所だった。

当時二七歳の尾角光美《おかくてるみ》は、実母を自死で喪った体験から、ＮＰＯの代表として自死問題に取り組んでいた。二〇一〇年の大晦日には、人間関係に苦しみ、帰る所もなく、孤立感を抱えた人々が身を寄せて、生き続けるための場「年越しいのちの村」を應典院で設けた。「お寺で一緒に年越し」が参加者の心を和らげ、新たなつながりを生んだ。尾角はその後、いくつかの伝統仏教の若い僧侶たちとネットワークをつくり、自死遺族や、念慮する人々のための救済の場を全国に広げていく。一人の市民が宗派の違いを軽々と乗り越えて、社会活動に連帯したのである。

二〇〇〇年から一七年間にわたって、應典院で毎月開催された「いのちと出会う会」は、死別や病気、身近な人の自死体験などを語り合うわかちあいの会だ。また、二〇〇九年に始まった「グリーフタイム」は、悲しみの体験をそのまま受容する場として今も続くが、その主宰者はいずれも普通の市民である。多死社会を迎え、在宅ホスピスや看取りについても、再々セミナーが開催された。

市民がお寺で、伝統や因習にこだわることなくフランクに生と死を語り合う。僧侶の私は、その場を取り次ぐ仲介人に過ぎない。本末転倒だと指摘されるかもしれないが、そうした場をつくることで、既存の宗教から失われ、市民感覚の中に眠っていたスピリチュアルなセンスが浮き彫りとなったのである。

むろん僧侶も、一人の市民である。こうした市民活動の成熟とともに、若い僧侶からも地域や社会との関係を模索するようにNPO活動が立ち上がる。おてらおやつクラブ（第二章）や、いのち臨床仏教者の会（第六章）など本書の中に登場する活動はその代表例だが、直接間接に私も関わりながら、移り変わる時代の潮目を感じていた。寺を開くとはただ外から受け入れるだけではない、仏教の側から外へ出ていく新たな局面を迎えていたのだ。

†地域課題に気づく

寺には、拠って立つそれぞれの地域がある。地域にはいろいろな世代や職業の人がいて、そして共通する課題がある。どんな地域にも単身の高齢者はいるだろうし、貧困、差別、無縁など課題には事欠かないはずだ。

寺を開いて、そうした課題に対処するというアプローチは、これまでの宗教活動とは大きく異なる。リスクを抱えるといってもよい。「子どもの貧困」一つとっても、家族はもちろん子どもの通う学校や福祉施設、行政の子育て支援課など多様なセクターとの対話や協働が必要となる。やりがいもあるが、周囲の無理解や非協力にも直面するだろう。私も、坊さんに何ができる、という冷ややかな視線を何度も体験している。

そんなことは寺がやることではない、世俗化だと批判する声もあるが、私はそうは思わない。逆に、そうした社会活動を通して地域との関係を見直し、新たな宗教的ケアやサポートを担うことができる。先祖供養とは別の、檀信徒との関係づくりも可能となるだろう。第四章のサラナ親子教室などその好例だ。

本書に紹介される大方のケースに言えることだが、そうした地域課題が広がると、そこに共感し連帯する、地域以外の「よそ者たち」、NPOや研究者、ボランティアらとともに、分厚いコミュニティの層が生まれる。同じ地域のよしみだけがコミュニティではない。何かの問題に気づいた人、行動する人、応援する人らが協力しながら、もう一つの地域をつくっていくのである。

寺を開く目的は、イベントや集客それ自体ではない。地域における異なる立場の人々が協働しながら自主的に新たな公共のルールをつくる、そのための仲立ちとなることだ。

「子どもの貧困」に誰がどのように対処するのか、人材や資金はどうするのか、学校関係者やNPO、児童福祉機関や地元の子ども会などと連携して、様々な考え方や行動を取りまとめていく拠点がそれだ。寺を開くとは、意識するしないにかかわらず、そうした地域ガバナンスを担うことになる。

寺は社会と無関係なのではない。関わるべき社会があって、地域全体で取り組む課題がある。寺を開くとは、言い換えれば、まずその課題を発見し、仲間を巻き込み、その役割を地域に問い直すことに他ならない。

二〇一〇年、應典院寺子屋トーク「利他の取り扱い説明書」では、自殺防止やホームレス支援に関わる寺の活動者と、宗教学や哲学、ボランティアを専門とする研究者が並んで、宗教と社会の互恵性について話し合った。寺から社会へ開く指向性をプラス評価していこうという機運が高まり、「宗教の社会貢献」をめぐる議論が活発となっていったのである。

そして、二〇一一年三月一一日、東日本大震災が発生した。地元の寺院は被災者のための避難所として開放され、弔いのために全国から僧侶たちが続々と現地へ向かった。また復興の過程において、地域や家族をつなぐ紐帯《ちゆうたい》として伝統行事や宗教行事が社会的な力を盛り返していく。ここに寺は、大きく開いたのである。

3　おてら終活プロジェクト

†寺と臨床

東日本大震災における開かれた寺のケースは、第七章にも詳しいのでここでは触れないが、東北だけにとどまらず、それを基点として寺を開く新たな動きは全国に波及していった。特に地震・津波による大量死のグリーフ（死別の悲嘆）に対し、追悼や慰霊、供養など数々の伝統的な法要が施されたことは特筆すべきだろう。葬式仏教について、若い僧侶たちがその社会性や役割意識に目覚めたことも、画期的といわなくてはならない。

二〇一三年、應典院のお寺ミーティング「最新「臨床宗教」事情」では東北大学の高橋原《はら》が、震災を契機に誕生した臨床宗教師の成り立ちについて報告した。彼らの活動現場は、病院、福祉施設、学校など最初から寺の外の公共空間だ。相手の価値観を尊重し、布教はしない。被災地から、これまでとは立ち位置の違う宗教者像が生まれていた。

臨床とは医療用語で、病床に臨む現場をいうが、では宗教における臨床とは何を指すのだろう。それは刻々と変化していくものだが、内部に収まって、決まった人や状況と付き合っている限り、寺に臨床の現場はない。被災地で葬式仏教が大きく再評価されたのは、そこが紛れもなく臨床だったからである。

寺を開く、その向こう側には臨床が見えている。伝統的な葬式や埋葬が決して古びているわけではないが、その現場が臨床として生きてこない限り、過去の因襲や不合理な制度の押しつけとなってしまう。

生きづらさを抱えた若者たちやスピリチュアルな市民活動と出会いながら、應典院の前には、確かに臨床が横たわっていた。いや、積極的に社会問題や地域の課題を取り上げることで、寺の現場を長い眠りから呼び覚まそうとしていたといった方がいいかもしれない。

應典院再建から二〇年、寺を開くための次の一歩は、伝統的な弔いを現代の臨床に接続することだった。それが、寺の終活である。

二〇一八年九月に「おてら終活祭」を開催、葬式をしない應典院の本尊前に、ブライダルと見紛うような色鮮やかな花祭壇が備えられた。そこで浄土宗、日蓮宗、真言宗や臨済宗など各宗派の葬儀のエッセンスを再現するデモンストレーションが行われた。その他にも会場をお通夜の式場に見立て、遺族と葬儀社役、僧侶が寸劇混じりでその様子を再現したり、精進《しょうじん》料理や仏事相談、お墓ツアーなど伝統仏教の「メニュー」が取り揃えられた。五〇〇人を超える来場者の中で、二〇人もの僧侶たちがコンシェルジュのように振る舞う。

再建二一年目から、應典院は「おてら終活プロジェクト」を主事業として立ち上げた。すでに夏前から「おてら終活カフェ」も毎月開催、生前契約や介護、遺品整理、相続などの専門家を中心に参加者同士語り合う会が続いている。すこぶる好評なのだが、しかし、なぜ終活が臨床なのか、また寺を開くことになるのか、いぶかしく思われる方もあるだろう。

終活について説明は必要としないだろう。多死と孤立の現代、中高年にとって最大の関心の一つが死後の準備だが、その興味は多種多様な実務的課題に広がっているし、焦りと不安感も手伝ってその熱意は衰えることはない。戦後、日本人がこれほどまで自覚的に自分の死に向

おてら終活祭。葬送のこれからを語り合う

き合うことはなかったのではないか。

しばしば寺の終活は、寺離れとセットで論じられることがある。檀信徒の意識が変わり、人口減少もあって寺離れが加速する。直葬や墓じまいも横行すると、寺院の経営は成り立たない。しかし、そんな寺の危機だから終活、と言いたいのではない。

確かに少子化は止まらず、家は衰退していくだろう。それを食い止めることは難しい。だが、逆に個々人がしきたりとして家を継承するのではなく、一人ひとりの個人として行動と意思決定を始めたのであれば、そこに葬式仏教の臨床が見えることにならないだろうか。

生前個人墓「自然」の前で合同の供養会

†すべての人に弔われる権利がある

私がなぜそう考えるのか、お墓をめぐる先行体験があるからだ。

應典院の本寺・大蓮寺では、二〇〇二年から生前個人墓「自然《じねん》」という永代供養墓に取り組んできた。生前に元気なうちに自分の意思で選ぶこのお墓には、十数年を経て、同じ「墓友《はかとも》」が一〇〇名以上集い、彼岸やお盆の季節には毎年合同の供養会を催している。應典院では本寺と連携して、墓友対象の終活セミナーを毎年開き、事情によって生活相談のサポートも行ってきた。そういう生前の関係を積み上げ、やがて誰かが亡くなれば、皆で供養の念仏をあげるのである。さらに二〇一八年九月からは新しい個人墓「縁《えにし》」の分譲も始めた。いずれも家や血縁の関係はないが、お墓を媒介としたもう一つのコミュニティづくりを目指している。

今、日本では年間の死亡者数が一三四万を超え（厚生労働省『平成二九年人口動態統計』、二〇一七年時点）、六五歳以上の約一八％以上が一人暮らしだ（内閣府『平成三〇年版高齢社会白書』、二〇一五年時点）。一人で生きることは認知症、孤独死を引き起こすリスクも高い。そして人生の閉幕の後、誰が弔い、どこへ埋葬するのかなどといった重い課題が残る。国の地域包括ケアシステムも看取り以降の弔いについてほとんど対応ができていない。

「自然」のメンバーが単身者の場合は、後述する生前契約をお寺が仲介して専門NPOと結んで、死後のサポートに当たる。お墓は当然のことだが、ほぼすべての方が大蓮寺での葬儀を事前に「予約」される。その負託《ふたく》を受けて死後に執行するのは、「もうひとつの家族」としての寺とNPOなのだ。

すべての人に弔われる権利がある。東北の被災地がそうであったように、死者の尊厳とは通夜、葬儀、火葬、埋葬、供養と死後のプロセスを経て守られてきたのだが、少子化などによって家族が縮小していく現代では、その保障が極めて困難だ。むろん自分で自分を葬ることもできないし、供養することもできない。「自然」のように家族に代わる誰かがプロセスを引き継ぎ、誰であっても弔いを受けられる仕組みが必要となる。その意味では、弔いとはすでに福祉の領域にあるといっていい。

どんな人口減少地域においても、死亡者は増えていく。一人で暮らしながら、死後への不安を募らせる高齢者は多い。ガンサバイバーとして余命を生きなくてはならない場合もあるし、認知症へのリスクも高まる。誰もが安心して死を迎えられ、死後を託すことのできるシステムの設計が至急必要なのだ。臨床とは、人が何か助けを必要とする現場に対応することであり、ここでは「死への向き合い」が「必要」なのだ。そのために、お寺を開くのである。

†ともに生きる

これまでも應典院はいろいろな角度から、そうした死をめぐる問題へのアプローチを続けてきた。

二〇一四年には、終活セミナー「おひとりさま、最後の終活」を開催し、お寺が取り組む生前契約（葬儀や埋葬など生前に第三者に委託契約すること）について専門家と語り合った。葬儀だけでなく、単身者が死後託さねばならない実務はたくさんある。いわば「家族の役割」を法的な契約をもって預託《よたく》するのである。その仕組みにお寺が積極的に協働していこうという斬新な内容だった。

二〇一六年のお寺ミーティング「〈寺葬〉リバイバルプラン」では、外の葬儀会館や式場ではなく、お寺だからこそ開けるお葬式の可能性について語り合った。通夜・葬儀と喪の時間を遺族とともに過ごすことは、地域における温かな人間関係の再構築でもある。

毎月、市民が集うおてら終活カフェ

二〇一八年一二月、これからの永代供養墓を巡る寺院対象のセミナーを開催した。全国から一〇〇名近い寺院関係者が集まり、関心の高さを示した。そこでは、首都圏に多い高層ビル型の納骨堂とは一線を画した、新たなコミュニティとしての独自のお墓のあり方について議論された。家も宗派も問わない。誰をも見捨てない。お墓を結縁《けちえん》として、地域に根ざしたお寺をつくろうとする試みに、希望を感じた。

お寺を臨床に開く場合、忘れてはならないことがある。それは、個人が対象になればなるほど、誰をも差別せず、相手の信念や価値観を侵してはならないことだ。宗教者であればみな内に強い信仰を持っているが、それを外の個人に押しつけない。臨床宗教師は公共空間では宗教的回答を示さないというが、それでもなお宗教者として求められる人格・資質・スキルとはどのようなものだろう。

何かに役立つとか理解するためのものでなく、まずは一緒に考える、行動する、あるいは共感しともに悩むこと、その「ともに生きる」が基本的態度としてなくてはならない。話をする前に相手の話を聴く。何かの解決策に走る前に、悲しみに寄り添う。「おてらの終活プロジェクト」とは、終活を通して、お寺や僧侶のあり方を少しずつ変えていくものだと思う。

二〇一八年一一月、おてら終活カフェ「お坊さんがサポートする終《つい》の住処」に登場した三浦紀夫《のりお》は、真宗大谷派の僧侶だが、寺を持たない。介護NPOの職員を本業としており、大阪市内の五つの介護施設の運営に当たっている。作務衣《さむえ》姿で入居者の間を行き交う毎日が、彼の「臨床」なのだ。

ここで最期まで、と思いさだめる人も多い。施設には大きな仏壇が安置され、ここで看取った人もいるという。しかし、三浦は本人が望まぬ限り布教はしない。彼が言うには「みなさんの愚痴を聞いているだけ」である。

堂宇《どうう》があるからお寺なのではない。「お寺を開く」とは、僧侶自身が臨床をともに生きることなのである。

4　弔いのコミュニティ

†ともいき堂の社会実験

私が目指す「お寺の終活」とは、寺の葬式や永代供養墓があればそれで完成なのではない。人生の終着と見られたそれらを生前という中間に置き直すことで、これまで出会わなかった外部と新たな関係が紡がれることになる。地域課題で触れた「よそ者」たちとも交流が生まれるだろう。それらとつながるのである。

家族関係からこぼれた一人のいのちの旅立ちに、どれほど多くの支え手がいることだろう。友人やご近所さんはもちろん、看護師、介護士といった専門職、実務を担当する行政書士、あるいは生前から予約していたなら葬儀社もそうだろう。これまで寺がほとんど接触してこなかった、ゆたかで多様な地域の人材資源である。

それを「いのちのケア」というならば、その中心を寺が担うことはできないだろうか。一人芝居は難しくても、多彩なアクターが集まれば舞台は整う。寺が、地域共助の活動として、もう一つの福祉に取り組むのである。

話は少し先走るが、次へ向けて試行錯誤も始まっている。

　應典院は本寺の大蓮寺と共同して、二〇一九年四月、小さなお堂「ともいき堂」を建《こん》立《りゅう》する。わずか一〇坪ほどの仏堂ではあるが、一〇人未満の家族葬や合祀墓の機能を持つ。おてら終活プロジェクトが新たなコミュニティづくりに着手する、ここはその拠点だ。

　その背景には深刻な無縁仏《むえんぼとけ》の問題がある。

　誰も引き取り手のないお骨を無縁仏というが、多死と孤立の現代では、年々増加傾向にある。政令指定都市の中で大阪市はその数が全国一であり、信じがたいことに九人に一人といわれている。生前の関係が希薄であったのだろう、縁故があっても引き取りを拒否する人も少なくない。他人事ではない。それは全国三〇〇万人を超える単身高齢者の潜在的な不安や懸念を増長している。

　私にも体験がある。應典院の本寺である大蓮寺はごく一般的な菩提寺だが、そこでも人知れず施設で亡くなっていった檀信徒の死に直面したことがある。それまであった寺との音信が途絶え、身内にも連絡を絶てば、生死は不明のままだ。施設で亡くなっても葬儀らしい葬儀はない。ただ荼毘《だび》（火葬）に付され、遺骨になってから再会することしかできなかった。

　あるいは、お金がないので葬式ができない、お布施ができない、そういう相談を受けることもある。菩提寺がありながら、直葬を選ばざるを得ない檀信徒の心情は悲痛だ。

先ほど葬送は福祉の領域にあると述べた。家族の中で子々孫々継承されてきた血縁という制度はすでに疲弊してきている。それに追い打ちをかけるように、孤立や貧困は、従来の葬式仏教を成り立ちがたくしている。ましてや行政サービスの手は個人の弔いにまで及ばない。

誰がそうした人々を支え、救済できるのか。一人も無縁にしない、結縁社会は本当に可能なのか。マンパワーや専門性はどう担保するのか。寺だけでは対応できない、チームで取り組むための、持続可能な仕組みがなくてはならない。ともいき堂はそのための社会実験だ。

†終活と社会貢献

具体的なプランを紹介しよう。

二〇一九年から、「終活と社会貢献研究会」を発足させる。メンバーは地域で終活事業に従事する仕事人たちだ。終活に関わる専門職は、大手スーパーや農協を除けば、地元密着型の身近な個人事業者が多い。看護師や社会福祉士であったり、行政書士、ファイナンシャルプランナー、また相続診断士など、その人の生涯と向き合い、後事を託される専門

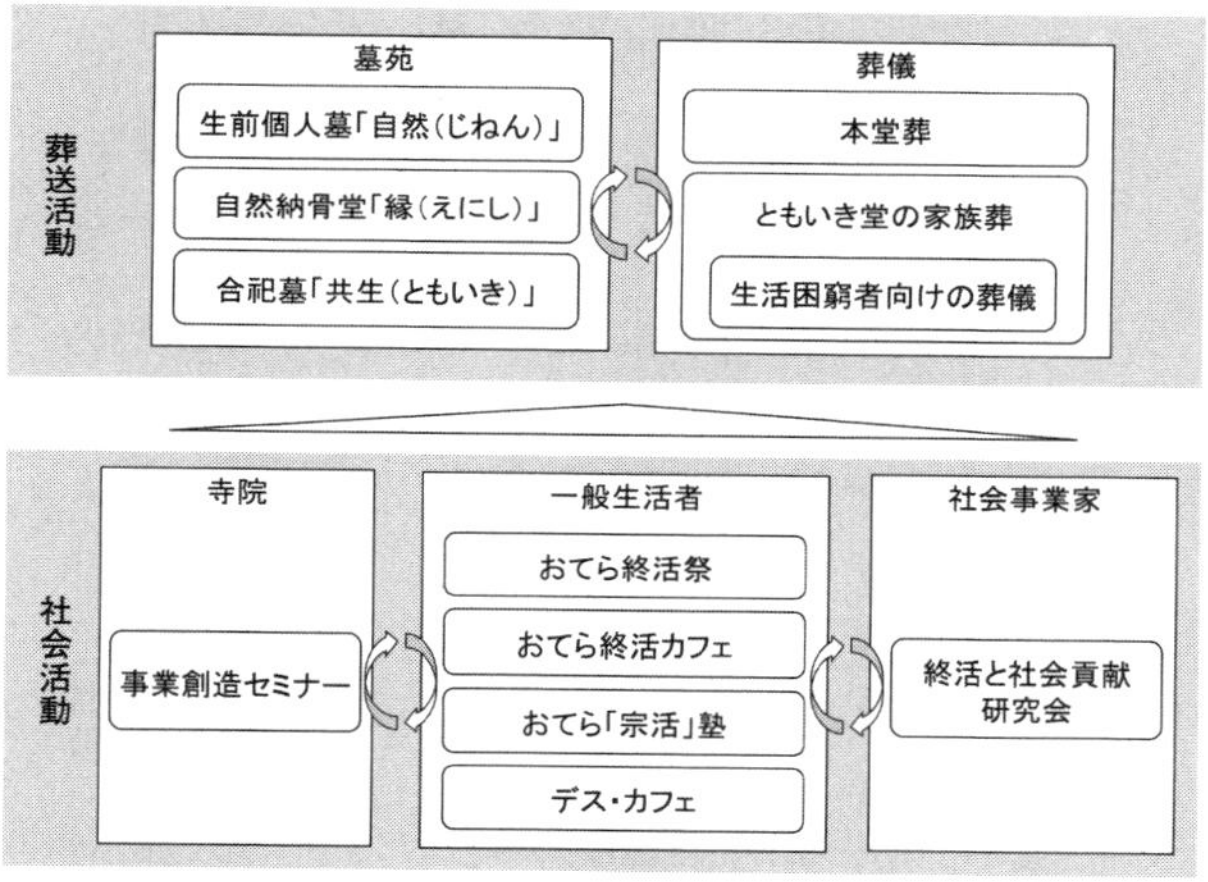

おてら終活プロジェクトの仕組み

職だ。僧侶もその一員といってもいい。

地域の社会課題の解決を目的とした持続的な事業活動をソーシャルビジネスという。「社会に役立つ仕事」とも訳されるが、彼らはその典型であり高い社会貢献性を備えている。同じ地域の中であれば、課題意識を共有する組織や人々も多く、地域全体の質の向上にもつながるだろう。何より顔の見える信頼関係や規範意識を基本に置いている。

研究会では、まず同じ地域の終活仕事人が集い、情報交換をするとともに、共通の目的としてお葬式や埋葬・供養についてのケアを協議する。誰にでも弔われる権利があり、死者には尊厳がある。孤独死や無縁仏となる不安を取り除き、死後の安心を保証してQOD（クオリティ・オブ・ダイイング：死の質）を高めるのだ。

ともいき堂での「ごえん葬」（骨葬《こつそう》）は、生活に困窮する人々の葬儀を念頭に置いている。僧侶はボランティアで出勤し、合祀墓にはすべての人を受け入れる。その中継ぎには終活仕事人たちのネットワークが活かせるだろう。誰をも無縁にしないために、寺を開くのである。

†死で終わらない物語

もう一つ、お寺でしかできない終活がある。死生観についての学びである。

死に関する情報は溢れんばかりだが、死とは何か、死を通してどう生きるか、死んでどこへいくのか、といったスピリチュアルな問いには、どこにも納得できる答えがない。死後への不安や孤立が際立つほど、脆弱な死生観で立ち臨むことは難しい。お金とサービスがあれば解決できる終活と違って、お寺の終活はそんな「死で終わらない物語」に思慮を致す場でなくてはならないのだ。

二〇一八年一二月からおてら「宗活」塾がスタートした。第一回目は「それでも、あなたは〈執着〉するか」。執着とは仏教が説く苦の根本だ。終活などはまさにその塊にも見えるが、逆説的に問い返す。「宗活」の「宗」とはここでは「根本」「拠り所」という程度の意味だが、死生観の土台として様々な宗教に学ぶこともあるだろう。

もちろん誰が学んでもいい。家族の介護や看病に携わる人、病気や死別を体験した人も学び直す貴重な機会になるだろう。僧侶にだって実は必要なことかもしれない。そうした学びは必ず人を、地域を変えていく。死に対する考え方、死に往く人への悲嘆、慈しみ、また死者への親愛や畏敬の念など、そうした「死で終わらない物語」が地域の中に育まれてこそ、初めて多死と孤立の社会に立ち向かえることができるのでないだろうか。

寺は生者と死者が出会う場所だ。そこには死者を親しく思う生者がいなくてはならない。そう思う生者がいる限り、死者は忘れ去られない。決して無縁にはならない。ともいき堂もまた、生前に育まれた縁を社会貢献へと紡ぎ出す、開かれた寺なのである。

†共苦と共生の場

もう一度繰り返そう。お葬式やお墓といったこれまで終着点と考えられてきたものを、外部と仲立ちする中間点に置き直すことで、新たなつながりが生まれる。それは地域や社会などのコミュニティの変革力になり得る。

寺もまたそうだ。寺をハブとして、死に往く人、終活の仕事人、市民やボランティアなどによる共同体、さらには生者と死者の安らかな縁を、「弔いのコミュニティ」と名づけておこう。信者であるかないか、専門家であるかないか、死が近いか遠いかの区別なく、すべてが仏の絶対慈悲に包まれる、寺こそ、その中心地なのである。

*

最後に、もう一度、應典院の日常に戻ろう。

二〇年以上、私は毎週のように、本堂を劇場がわりに使用する演劇の若者たちに法話をしてきた。朝の九時、劇団が仕込みに入る前、定例のように団員たちが御本尊前に集まってくる。多い時は二〇名を超えるだろうか。そこでの私の話は、演劇には関係しない。生きる意味についてであったり、目に見えないものへの憧憬、あるいは死者の尊厳やそれとの交感など、至って宗教的な話であるが、若者たちは正座のままじっと聴き込んでくれている。最後に皆で念仏を称えて、それから芝居づくりが始まる。わずか一〇分に満たないが、寺らしい厳かで濃密な時間だ。

そもそも若者限定の寺などあり得ない。「お寺の終活」だからといって、中高年が占領してしまうわけでもない。寺は世代や立場によって誰も阻まないし、何かの主義や目的達成のために貢献する役割もない。

應典院はすべてに開かれている。アートや社会活動でも、お葬式やお墓でも、対話と協働を繰り返し、そこから生み出される様々な関係性の気づきを契機として、自分の生き方や社会のあり方を見つめ直してみる。異見や異論も含め、他者とがっぷりと出会い直してみるのも面白い。地域のいろいろな「よそ者」と交流して、未知の世界を望むのである。

開かれた寺とは、だから多様な人を、場を、そして願いを呼び込む。差別しない。怖れない。受け入れるのだ。ともに苦しみ、ともに悩み、考え、ともに生きるのだ。寺は「共苦と共生」の場所なのだ。

現代仏教を知るためのブックガイド

大谷栄一

本書は刺激的な現代仏教論であると同時に、批判的な現代社会論でもある。「はじめに」でそう述べた。ただし、日本の現代仏教のごく一部の特徴的な事例を示すにとどまった。

では、もう少し広く現代仏教を知るためには、どのような本を読めばよいのだろうか。ためしに、Ａｍａｚｏｎで「現代仏教」を検索すると、一〇〇〇件以上の結果が出てきて、途方に暮れる。そこで、「お寺の社会活動」という本書のテーマに即して、「お寺」「社会活動」「女性」「社会福祉」「臨床」「葬式と墓」「東日本大震災」というカテゴリーを設け、これらに当てはまる本を中心に紹介してみたい。

なお、このリストは日本の現代仏教のみを取り上げ、海外の現代仏教は含まれていない。また、専門書は最少限に絞り、入門書やルポルタージュなど、極力、読みやすい本を選んだ。ただし、本によってはすでに絶版のものもある。その場合は図書館や古書店、インターネットサイトなどで探してみてほしい。

†お寺ナビゲーション

鵜飼秀徳《うかいひでのり》**『寺院消滅』**（日経BP社、二〇一五）はその衝撃的なタイトルによって、仏教界や日本社会に大きな波紋を投げかけた。僧籍を持つジャーナリストの著者が丹念な取材によって、地方寺院の現状や、それに抗する住職たちの試みを報告している。「寺が消えることは、自分につながる〝過去〟を失うことでもある」という鵜飼の言葉は重い。

寺院消滅が予測される現在、様々な寺院が多様な試みをしながら、未来を切り開こうとしている。そうした取り組みを紹介した本として、**北川順也『お寺が救う無縁社会』**（幻冬舎ルネッサンス新書、二〇一二）、**星野哲**《さとし》**『「定年後」はお寺が居場所』**（集英社新書、二〇一八）がある。前者では「人びとに寄り添う都市のお寺」「エンタメで明るく開かれたお寺」「緑の保全に寄与するお寺」が、後者では「出会いの場としてのお寺」「子育てをサポートするお寺」「人の悩みに寄り添うお寺」「人生の終末を支えるお寺」がそれぞれ数多く紹介されている。

また、**池口龍法著・監修『お寺へ行こう！』**（講談社、二〇一四）も、魅力的なお寺ナビ本である。『フリースタイルな僧侶たち』編集スタッフが「縁」「ボランティア」「気づき」「修行」「ライブ」をキーワードとして三八のお寺や団体、イベントを選んでいる。この本は「これまでのお寺」のガイドブックではない。「これからのお寺」ひいては「これからの社会」のためのガイドブックである」。池口の言葉は、力強い。

なお、社会における寺院のあり方を、「公共性」という視点から検討したのが、**小林正弥《まさや》監修、藤丸智雄《ふじまるともお》編『本願寺白熱教室』**（法藏館、二〇一五）。アメリカの政治哲学者マイケル・サンデルの人気テレビ番組「ハーバード白熱教室」を模して、浄土真宗本願寺派の僧侶四〇名により「自然災害と宗教」に関するジレンマをもとに行われた白熱の議論の記録がベースとなった本である。

†社会活動する仏教者

社会活動する仏教者に社会的な注目が寄せられるきっかけを作ったのが、**上田紀行『がんばれ仏教!』**（NHKブックス、二〇〇四）である。

取り上げられているのは、東京愛宕《あたご》の曹洞宗寺院・青松寺の「仏教ルネッサンス塾」（二〇〇三〜〇七年）、故・有馬実成《じつじょう》の曹洞宗ボランティア会（一九九九年に社団法人シャンティ国際ボランティア会（SVA）に改組、現在は公益財団法人）、秋田光彦の應典院（浄土宗、大阪天王寺区）、高橋卓志《たくし》の神宮寺（臨済宗、長野県松本市）、梶田真章《しんしょう》の法然院（浄土宗、京都市左京区）、「寺小説家」の玄侑宗久《げんゆうそうきゅう》、東京愛宕の青松寺「獅子吼サンガ」主幹（当時）の南直哉《じきさい》（現在、青森県の恐山菩提寺院代、福井県の霊泉寺住職）である。

このうち、高橋卓志は生・老・病・死の四苦を「抜苦《ばっく》（ケア）」するために、松本市の神宮寺を拠点に「神宮寺型地域包括ケア」を提供してきた。尋常浅間学校、NPO法人による介護保険事業や成年後見制度、医療との連携、一人ひとりに対するオーダメイドの葬儀など、その取り組みは**高橋卓志**の『**寺よ、変われ**』（岩波新書、二〇〇九）と『**さよなら、仏教**』（亜紀書房、二〇一八）で紹介されている（高橋は二〇一八年五月に神宮寺を退職）。

また、**秋田光彦**『**葬式をしない寺**』（新潮新書、二〇一一）では、一九九七年の再建前後からの應典院の軌跡が述懐されている。「日本でいちばん若者が集まる寺」と評される應典院は「市民参加型寺院」を標榜し、多種多様な社会活動や芸術文化活動を実施してきた。應典院は当初からNPO団体と協働しているが、NPOという社会参加の手法が社会に普及したことで、元祖NPOというべき寺院の公共性や自立性があらためて強く再認識されたとの指摘は重要だろう。

磯村健太郎『**ルポ仏教、貧困・自殺に挑む**』（岩波書店、二〇一一）は、貧困や自殺に象徴される現代的な社会問題に向き合う僧侶の姿勢とその取り組みが記されたドキュメント。

ホームレス支援、駆け込み寺、生活困難者への食料支援、自殺・自死問題、悩み相談、電話相談、インターネット上の話し合いの場などの事例が紹介されている好著。

†女性と仏教

日本の仏教界や仏教教団は男性中心主義である（本書第五章参照）。「お寺の社会活動」研究でも女性仏教者が取り上げられることが少ない。ただし、『ルポ仏教、貧困・自殺に挑む』ではホームレス支援、助葬事業、難民認定申請者支援に取り組む尼僧・**平尾弘衆《こうしゅう》**の活動が紹介されている（その半生は、平尾の**『尼僧が行く！』**〔新泉社、二〇〇二〕に詳しい）。

また、（第五章で紹介されているように）現代日本の仏教教団における女性の不平等な位置づけに対し、当時者の立場から異議を申し立てて、ジェンダーイコールな仏教をめざす女性たちの声をまとめた本が刊行されている。**女性と仏教 東海・関東ネットワーク編『仏教とジェンダー』**（朱鷺書房、一九九九）、**『ジェンダーイコールな仏教をめざして』**（朱鷺書房、二〇〇四）、**『新・仏教とジェンダー』**（梨の木舎、二〇一一）である。

そもそも、日本の仏教界でジェンダー不平等問題が起きるきっかけとなったのが、一八七二（明治五）年の肉食妻帯蓄髪勝手令の布告である。これによって、それまで認められていなかった真宗以外の宗派の男性僧侶も妻帯をするようになった。**川橋範子『妻帯仏教**

の民族誌』(人文書院、二〇一二)によれば、真宗以外の伝統仏教教団は現在でも出家主義を理念とする出家教団を名乗っており、僧侶の婚姻は公認されていない。こうしたあり方を、川橋は「虚偽の出家主義」と厳しく批判している(川橋の立場は研究者であり、寺族《じぞく》)。「ジェンダーの視点から仏教を再創造する」という提起を、日本の仏教界はどのように受け止めるのだろうか。

†社会福祉と教誨師、仏教NGO

仏教社会福祉活動は、現代の仏教者や仏教教団、寺院にとって重要な活動である。その概要をつかむには、**日本仏教社会福祉学会編『仏教社会福祉入門』**(法藏館、二〇一四)が役立つ。この中で、「共に支え合う仏教司法福祉」として、教誨《きょうかい》師、保護司、更生保護事業者が紹介されている。このうち、教誨師はまさに宗教者ならではの活動である。宗教教誨とは「全国の刑務所、拘置所、少年院等の被収容者に対し、各〔宗〕教宗派の教義に基づき、徳性や社会性の涵養を図り、健全な人格の形成に寄与する作用」を意味する。これらの活動を矯正施設からの要請によってボランティアで行っている宗教者が、教誨師である(公益財団法人全国教誨師連盟のHPより)。

教誨師の数は、現在、一八四六人を数えるが、そのうち、僧侶が六五%を占める(同、二〇一八年一月時点)。なかでも東西本願寺が中心である。教誨師は守秘義務があるため、その具体的な活動が公になることはなかった。しかし、半世紀にわたって死刑囚の教誨を担ってきた浄土真宗本願寺派の僧侶・渡邉普相《ふそう》への聞き取りをもとに、教誨師の具体的な活動を初めて公にしたのが、**堀川恵子『教誨師』**(講談社文庫、二〇一八、単行本二〇一四)である(渡邉の死後に公刊)。渡邉の一生とその活動の様子が克明に描かれたノンフィクション。人間の生死に対する重い問いかけがなされている一冊である。

また、『仏教社会福祉入門』では国際的な仏教福祉活動にも頁が割かれており、仏教NGOネットワーク(BNN)が取り上げられている。この仏教NGOの先駆者となったのが、『がんばれ仏教!』で紹介された故・有馬実成である。この有馬に共鳴し、シャンティ国際ボランティア会(SVA)に入り、約二〇年にわたって仏教ボランティアを実践してきたのが、**大菅俊幸**である。大菅の**『慈悲のかたち』**(佼成出版社、二〇一七)では自らが取り組んできた国内外での活動がまとめられている。

†臨床の現場へ

「ビハーラ」とは古代インドのサンスクリット語で「精舎《しょうじゃ》・僧院」「身心の安らぎ・くつろぎ」「休息の場所」を意味する言葉であり、仏教版ホスピスのことである。一九八五年に仏教福祉を専門とする田宮仁《まさし》によって提唱された。一九九二年に新潟の長岡西病院にビハーラ病棟が開設され、二〇〇八年には京都府城陽市に浄土真宗本願寺派によって「あそかビハーラクリニック」が開業された。ビハーラについては、**友久久雄・吾勝《あかつ》常行・児玉龍治『ビハーラ入門』**（本願寺出版社、二〇一八）が平易でわかりやすい。

長岡西病院ビハーラ病棟でのボランティア経験を持つ**大河内大博**の**『今、この身で生きる』**（ワニブックス、二〇一四）では、複数の病院でのターミナルケアの実践を通して出会った人々との逸話が記されており、積極的に人々の苦しみに寄り添おうと行動する僧侶の社会実践が「臨床仏教」と名づけられている。

東日本大震災発生の翌二〇一二年四月、東北大学大学院文学研究科実践宗教学寄附講座が開設され、一〇月には臨床宗教師の研修が実施された。その臨床宗教師の養成に携わる東北大学の**谷山洋三**の**『医療と宗教者のためのスピリチュアルケア』**（中外医学社、二〇一六）では、スピリチュアルケアの構造や臨床宗教師の可能性が説かれている。

真宗大谷派の僧侶で臨床心理士の**坂井祐円《ゆうえん》**の**『お坊さんでスクールカウンセラー』**（法藏館、二〇一八）は、学校でのカウンセラー経験をもとにしたエッセイ集である。「死者は、私たちにはたらきかけ、呼びかけてくる」と坂井は述べる。そうした「死者のはたらき」に出会った子どもたちの物語が語られている。仏教とカウンセリングが「死者のはたらき」を通じて交わる。その語り口に思わず引き込まれる一冊である。

†葬式と墓をめぐって

島田裕巳『葬式は、要らない』（幻冬舎新書、二〇一〇）はいわゆる葬式無用論（こうした言説自体は五〇年以上前からある）の一種だが、ベストセラーとなった。あとがきでは「葬式仏教が衰退し、葬式を無用なものにする動きが強まっていく。それは歴史の必然であり、その流れを押しとどめることは難しい」と断じられている。「葬式仏教」と揶揄され、批判されながらも、葬式や先祖供養を担ってきた日本の僧侶や寺院、教団にとって、葬式や墓をめぐる大きな変容の流れを押しとどめることはたしかに難しいかもしれない。

「家族葬」や「直葬」といった葬儀の簡素化、非継承型の集合墓（合同墓、共同墓）の登場、散骨や樹木葬墓地といった自然葬の普及によって、葬送や墓のあり方が多様化していることは確かである。その最新の動向や傾向は、**鵜飼秀徳『無葬社会』**（日経BP社、二〇一六）や**小谷みどり『〈ひとり死〉時代のお葬式とお墓』**（岩波新書、二〇一七）に詳しい。後者では弔いの無縁化や無縁墓の増加が社会問題化していることが指摘されており、地縁や血縁にこだわらない「緩やかな関係性」の構築や、生協や老人ホームで共同墓をつくったり、地域で共同納骨堂を建設する事例が紹介されている。

また、ペットやロボットの供養について取材した**鵜飼秀徳『ペットと葬式』**（朝日新書、二〇一八）では、万物の供養の歴史やその底流にある日本人の供養心が探査されており、興味深い。

†東日本大震災と祈り

二〇一一年三月一一日の東日本大震災の発生は、宗教者と宗教研究者に大きな試練と課題を与えた。

小滝ちひろ『ご先祖さまも被災した』（岩波書店、二〇一四）は、朝日新聞大阪本社に勤務し、古社寺や文化財を担当する記者が津波被害と原発事故の中で、被災地（福島県、宮城県、岩手県）の社寺を訪ね、被災の現場を取材したドキュメントである。また、**千葉望『共に在りて』**（講談社、二〇一二）は、生家の陸前高田の真宗大谷派寺院・正徳寺が避難所となった著者の体験記。東京に住む著者は東京と生家を行き来し、住職で市職員の弟と坊守（住職の配偶者）の義妹をサポートしながら支援に務めた。千葉は日本の寺院が「葬式仏教」と嘲《あざけ》られてきたことに対して、「私は、問題は「葬式仏教」ではなく、「葬式仏教」として力を尽くさないことだと考える」と強調している。

震災発生後、京都から東北に赴き、仮設住宅を訪問して被災者の話を傾聴する浄土真宗本願寺派の二人の若手僧侶（金澤豊、安部智海《ちかい》）の活動（二〇一一年七月〜一二年一二月）を記録したのが、**藤丸智雄『ボランティア僧侶』**（同文館出版、二〇一三）である。

北村敏泰《としひろ》『苦縁——東日本大震災 寄り添う宗教者たち』（徳間書店、二〇一三）は、被災地の宗教者や住民、被災地に支援に入った宗教者たちの行動と声を詳細に紹介している（もとは宗教・文化専門紙『中外日報』の連載記事）。また、**河北新報社編集局編『挽歌の宛先——祈りと震災』**（公人の友社、二〇一六）は『河北新報』で二〇一五年一月から七月まで連載された同名の記事が書籍化されたものである。被災地で信仰の意味を問い直す人々が取り上げられている（ただし、宗教者ばかりではない）。先に紹介した金澤豊の姿も収められており、臨床宗教師たちの声や姿も収録されている。

稲場圭信・黒崎浩行編『震災復興と宗教』（明石書店、二〇一三）には震災救援・復興のための諸宗教（仏教、神社神道、キリスト教、新宗教）の支援活動、連携・ボランティアの動き、台湾の仏教教団（仏教慈済基金会）の復興支援活動、震災復興と民俗芸能の関係などがまとめられており、資料集としても有益である。

最後に、「死生観からの社会構想」の副題を持つ**金菱清《かねびし》『震災学入門』**（ちくま新書、二〇一六）の問題提起に注目したい。金菱は東日本大震災の議論では死者の問題が棚ざらしにされていることを批判する。そして、批評家の若松英輔の死者論を参照し、「死者が、

「呼びかける」対象である以上に、「呼びかけ」を行う主体であるとき、私たちは、感受性を研ぎ澄まし霊性である死者からの声にどれだけ耳を傾けているだろうか。私たちの想像力がむしろ問われているだろう」、という。

つまり、「死者からの呼びかけ」にどれだけ応答できるか。東日本大震災以後を生きる私たちにとって、それが問われている。「ともに生きる仏教」にとって、その想像力は欠かせない。

あとがき

大谷栄一

きっかけは、「現代社会と向き合う仏教」という市民講座だった。

私の勤務する佛教大学（浄土宗を設立母体とし、七学部一四学科からなる総合大学）の本部は京都市北区紫野にある。下京区の四条烏丸には四条センターという附置機関があり、数多くの公開講座を開いている。私がコーディネーターを務め、二〇一七年一〇月から翌年三月まで全六回にわたって開催した講座が「現代社会と向き合う仏教」だった。

「格差や貧困が社会問題化し、人口減少や超高齢化、多死化が進む現代社会で仏教に何ができるのでしょうか？　本講座では僧侶やお寺が行う社会活動に注目し、現場で様々な活動を実践されている浄土宗僧侶の方々にご登壇いただきます」。

私はそう趣旨文に記した。そして、本書執筆者の松島靖朗師、池口龍法師、大河内大博師、曽田俊弘師、関正見師にご登壇いただいた（大谷は初回を担当）。

もともと私は、近代日本の仏教（近代仏教）の歴史研究を中心に行ってきたが、しだいに現代仏教の調査・研究にも取り組むようになった。その中で出会ったのが、浄土宗滋賀教区青年会のおうみ米一升運動であり、曽田師にインタビューをしたのが、二〇一二年三月のことである。その後、浄土宗滋賀教区の寺院調査をさせていただく機会も得た。

なお、仏教の社会活動には大学院生時代から一貫して興味関心を抱き続けてきた。なかでも戦前の仏教社会事業（現在の仏教社会福祉事業）を中心的に担った「浄土宗社会派」と呼ばれる僧侶（渡辺海旭《かいきよく》師、矢吹慶輝《けいき》師、長谷川良信《りようしん》師、秦泰真《はたりゆうしん》師など）の存在が今でも気になっている。この浄土宗社会派の系譜を継承している、つまり、現代の浄土宗社会派というべき（と私が考えている）諸師の話を連続講座で聞いてみたい。そうした意図から、講座を企画した。前評判はよかった（はずである）。

ところが、ふたを開けてみると、聴衆が集まらなかった。私が設定した開講の時間帯や条件が悪かったのだ。私は毎回参加したが、どなたの話にも聞き入り、感じ入った。というのも、その活動に取り組むことになったきっかけや活動の紹介にとどまらず、諸師の人生の葛藤や発心が語られ、説得力を持ってその活動に取り組む熱意が伝わったからである。

この講座の内容を書籍にできないだろうか。回を重ねる中で、私はそう思った。幸いなことに登壇いただいた諸師からも同様の声が上がった。

できれば、一人でも多くの読者に諸師の声を届けたいと思い、新書として刊行できないかと考えた。そこで、ちくま新書の松田健編集長に相談をしたところ、私たちの意を汲んで下さり、企画が実現することになった。

目次を考える中で、秋田光彦師と猪瀬優理氏にも執筆陣に加わっていただいた。「開かれた寺」の先駆けであり、二〇年以上にわたって仏教の社会活動・芸術活動を牽引している應典院の秋田師。また、共同研究をともにした研究者仲間で女性仏教者の活動に詳しい猪瀬氏。お二人に執筆を快諾いただいたことで、万全の布陣となった。

昨年（二〇一八年）八月に正式に執筆依頼をしてから、執筆者のみなさんには数カ月で原稿を新たに書き下ろしていただいた。感謝に堪えない。

最後に謝辞を。本書の編集に際しては、松田編集長に大変お世話になった。松田さんが本書の意義を認めて下さらなければ、本書は日の目を見なかった。心より感謝申し上げたい。また、山本拓さんにも丁寧な編集作業をしていただいた。執筆者が多く、ご負担をおかけしたことと思う。誠にありがとうございました。

本書を通じて、読者のみなさんに仏教やお寺が現代社会で持ちうる可能性や潜勢力を少しでも感じ取っていただけると幸いである。ぜひ、「ともに生きる仏教」のゆくえと「お寺の社会活動」のさらなる展開にご注目いただきたい。そのことを切に願う。

二〇一九年二月　京都紫野の研究室にて

編・執筆者紹介

大谷栄一（おおたに・えいいち）**【編者／はじめに・第一章・現代仏教を知るためのブックガイド・おわりに】**
一九六八年東京都生まれ。佛教大学社会学部教授。博士（社会学）。専門は宗教社会学、近代仏教研究。著書『近代日本の日蓮主義運動』（法藏館）、『地域社会をつくる宗教』（共編著、明石書店）、『人口減少社会と寺院――ソーシャル・キャピタルの視座から』（共著、法藏館）、『近代仏教スタディーズ』（共編著、法藏館）など。

＊

松島靖朗（まつしま・せいろう）**【第二章】**
一九七五年奈良県生まれ。安養寺（奈良県田原本町）住職。特定非営利活動法人おてらおやつクラブ代表理事。早稲田大学卒業後、企業にてインターネット関連事業、会社経営に従事。二〇一〇年、浄土宗総本山知恩院にて修行を終え僧侶となる。二〇一四年に「おてらおやつクラブ」活動開始、二〇一七年八月に特定非営利活動法人化。浄土宗平和賞、奈良人権文化選奨、奈良日賞、中外日報涙骨賞、二〇一八年度グッドデザイン大賞受賞。

池口龍法（いけぐち・りゅうほう）**【第三章】**
一九八〇年兵庫県生まれ。京都大学、同大学院でインドおよびチベットの仏教学を研究。大学院中退後、二〇〇五年四月より知恩院に奉職し、現在は編集主幹をつとめる。二〇〇九年八月に超宗派の若手僧侶を中心に「フリースタイルな僧侶たち」を発足させて代表に就任（～二〇一五年三月）。二〇一四年六月より京都教区大宮組龍岸寺住職として、念仏フェス「十夜祭」「超十夜祭」や浄土系アイドル「てら＊ぱるむす」運営などに携わる。著書に『お寺に行こう！――坊主が選んだ「寺」の処方箋』（講談社）。

関 正見（せき・しょうけん）**【第四章】**
一九六七年奈良県生まれ。浄土宗滋賀教区正福寺住職、総本山知恩院サラナ親子教室主幹。中学校英語教諭を経て住職となり、寺院、宗教活動に専念する。総本山知恩院布教師、仏教看護使、傾聴僧、東近江市民生委員・児童委員。著書『おつきさま おやすみ――とべない あひるの子 グーの物語』（共著、浄土宗滋賀教区布教師会）。

猪瀬優理（いのせ・ゆり）【第五章】
一九七四年北海道生まれ。龍谷大学社会学部准教授。専門は宗教社会学。宗教におけるジェンダーや世代に関わる問題を研究している。著書『信仰はどのように継承されるか――創価学会にみる次世代育成』（北海道大学出版会）など。

大河内大博（おおこうち・だいはく）【第六章】
一九七九年大阪市生まれ。浄土宗願生寺住職、医療法人社団日翔会チャプレン、臨床仏教研究所特任研究員。専門はスピリチュアルケア、グリーフケア、臨床仏教。二〇〇一年より病床訪問、二〇〇六年より遺族支援を始める。二〇〇九年第一回浄土宗平和賞、二〇一三年第三七回正力松太郎賞青年奨励賞受賞。著書『今、この身で生きる』（ワニブックス）、『「臨床仏教」入門』（共著、白馬社）、『グリーフケア入門――悲嘆のさなかにある人を支える』（共著、勁草書房）など。

曽田俊弘（そだ・しゅんこう）【第七章】
一九六八年滋賀県生まれ。浄土宗浄福寺・西蓮寺住職、フードバンクびわ湖理事長、浄土宗総合研究所・知恩院浄土宗学研究所嘱託研究員。専門は浄土学、仏教福祉研究。二〇〇九年度より、滋賀教区浄土宗青年会による生活困窮者への食料支援運動「おうみ米一升運動」に取り組む。著書に『浄土宗の教えと福祉実践』（共著、浄土宗総合研究所仏教福祉研究会編、ノンブル社）、『現代語訳　法然上人行状絵図』（共著、浄土宗総合研究所編、浄土宗）。

秋田光彦（あきた・こうげん）【第八章】
一九五五年大阪市生まれ。浄土宗大蓮寺・應典院住職を兼ねる。パドマ幼稚園園長。著書に『葬式をしない寺――大阪・應典院の挑戦』（新潮新書）、『今日は泣いて、明日は笑いなさい』（メディアファクトリー）、『仏教シネマ』（共著、文春文庫）、編著に『生と死をつなぐケアとアート――分かたれた者たちの共生のために』（生活書院）など。

ちくま新書
1403

ともに生《い》きる仏教《ぶっきょう》
――お寺《てら》の社会活動最前線《しゃかいかつどうさいぜんせん》

二〇一九年四月一〇日 第一刷発行

編者 大谷栄一（おおたに・えいいち）
発行者 喜入冬子
発行所 株式会社 筑摩書房
東京都台東区蔵前二-五-三 郵便番号一一一-八七五五
電話番号〇三-五六八七-二六〇一（代表）
装幀者 間村俊一
印刷・製本 三松堂印刷 株式会社

ISBN978-4-480-07214-6 C0215

ちくま新書

1201 入門　近代仏教思想　碧海寿広

近代日本の思想は、西洋哲学と仏教の出会いの中に生まれた。井上円了、清沢満之、近角常観、暁烏敏、倉田百三らの思考を掘り起こし、その深く広い影響を解明する。

1326 仏教論争――「縁起」から本質を問う　宮崎哲弥

和辻哲郎や三枝充悳など、名だたる知識人、仏教学者が繰り広げた、縁起をめぐる戦前・戦後の論争。犀利な分析を通して、その根本を浮かび上がらせた渾身作！

1145 ほんとうの法華経　橋爪大三郎　植木雅俊

仏教最高の教典・法華経が、サンスクリット原典から全面改訳された。植木雅俊によるその画期的な翻訳の秘密に橋爪大三郎が迫り、ブッダ本来の教えを解き明かす。

1296 ブッダたちの仏教　並川孝儀

仏教は多様な展開を含む複雑な宗教である。歴史上のブッダへ実証的にアプローチし、「仏」と「法」という二つの極から仏教をとらえなおすダイナミックな論考。

1325 神道・儒教・仏教――江戸思想史のなかの三教　森和也

江戸の思想を支配していた神道・儒教・仏教にこそ、現代人の思考の原風景がある。これら三教が交錯しつつ形作っていた豊かな思想の世界を丹念に読み解く野心作。

1284 空海に学ぶ仏教入門　吉村均

空海の教えにこそ、伝統仏教の教義の核心が凝縮されている。弘法大師が説く、苦しみから解放される心のあり方「十住心」に、真の仏教の教えを学ぶ画期的入門書。

1370 チベット仏教入門――自分を愛することから始める心の訓練　吉村均

生と死の教えが世界的に注目されているチベットの仏教。その正統的な教えを解説した初めての入門書。基礎的な知識から学び方、実践法までをやさしく説き明かす。